◆◇◆◇◆◇◆ 市民カレッジ ◆◇◆◇◆◇◆

知っておきたい
市民社会の法

金子　晃 編著

石岡克俊
山口由紀子

不磨書房

はしがき

　編者は長年大学の法学部において専門分野の法律の研究と教育に従事してきました。大学での研究・教育活動のほか，消費者行政に係わる機会も多く，国民生活センターや各地の消費者センター等で消費生活に関係する法律を一般消費者に講義する機会を多く持ってきました。本書の基になったのもそうした機会に作成したテキストでした。

　平成9年に港区消費者センターから消費者通信教育講座（初級コース）のテキスト『消費者カレッジ　日常の契約』を書くことを依頼されました。法律を勉強したことのない港区民を対象にして「契約」のテキストを書くという難題を突きつけられたわけです。しかし私は，単に契約に関する法を解説するのではなく，私たちの日常の生活において，法はどのような役割を果しているのか。そもそも私たちが生活している社会はどのような社会であり，その社会において私たちはどのような原則に従って生活を営むことが予定されているのか。そのことと法はどのように関係しているのかを明らかにしようと思いました。そうすれば，テキストは単なるハウツウ（HOW TO）ものではなく，実際に日常生活で応用し活用できるものになると思いました。こうした考え方でテキストを書きました。このテキストは区民の消費者通信教育として3年間区民によって使用されました。受講者からテキストが非常に分かりやすく，楽しく勉強できたとの評価を得ました。

　その後，編者は国家機関（会計検査院）に移り，大学を離れることになりました。国家の機関において仕事をするうちに，「私たちの社会において国家（政府）はどのような役割を果たすべきなのか」ということを考えるようになりました。今日，行・財政改革が，また司法改革が進められています。他方，民営化も進められています。これらの改革において，国民の役割，国

はしがき

家（政府）の役割はどのように考えられているのでしょうか。

　私たちが生活している社会は市民社会であるといわれています。市民社会とはどのような社会なのでしょうか？　市民社会においては私たちの日常生活はどのように営まれることが予定されているのでしょうか？　市民社会においては国家（政府）はどのような役割を果たすべきなのでしょうか。ところで私たちの社会はほんとうに市民社会といえる社会なのでしょうか。こんなことを法の立場から考えてみたのが本書です。市民のための法律入門としても使えるように実務面にも配慮しました。従来とは異なった一風変わった法律入門書になりました。

　著者の山口さんおよび石岡君は長年私と一緒に研究をしてきた仲間です。編者が本書のアイデアをだし，2人が賛同し，何度も議論をして出来上がったのが本書です。「21世紀に向けて，今こそ市民社会を実現することが必要」が私たちの一致したキーワードです。今日の社会のシステムや制度・慣行は制度疲労を起こしています。新しいものの構築が必要です。それは市民社会を前提としたものでなければなりません。

　そこで本書の発想を展開すると，「市民社会における企業」，「市民社会における危機管理――加害と責任」，「市民社会における紛争解決と法」，「市民社会における福祉と介護」，「市民社会における行政と法」，「市民社会における公益学とボランタリー活動」などなどが考えられます。本書に続いてこのような企画が実現することを念願しています。

　　2000年2月

金　子　　　晃

目　次

はしがき

第1章　市民社会と法
I　市民社会とは …………………………………………………………5
「市民社会」という言葉　5
市民社会の成立と発展　6
わが国で市民社会が成立したのはいつでしょうか　7
本来の市民社会の実現が今こそ必要　8
II　市民社会の仕組み ……………………………………………………10
市民社会の構成員は私たち人間だけではない　10
市民社会と国　11
III　市民社会における生活関係と法 ……………………………………12
私的生活関係と公的生活関係の区別　12
私的生活関係への国の関与　13
生活関係と法　15
私法・公法・社会法に属する代表的な法　16

第2章　市民社会における経済生活と法
I　経済生活と民法 ………………………………………………………21
私たちの日常生活と経済　21
経済生活関係と契約　22
契約によるルールの設定　22
契約と私的自治　23

目　　次

　　　　　　契約と権利・義務関係　25
　　　　　　契約の自由の限界　25
　　　　　　私的自治と国家・法の役割　27
　　Ⅱ　契約の基礎知識 …………………………………………………33
　　　　　　契約とは，約束との違い　33
　　　　　　契約の種類　33
　　　　　　契約の成立　39
　　　　　　契約の取消　44
　　　　　　契約の効力　47
　　　　　　契約関係の解消（解除）　49
　　Ⅲ　社会の変化と取引の多様化・複雑化 ……………………………53
　　　　　　取引の多様化　53
　　　　　　最近の消費者取引・被害　55
　　　　　　代表的な店舗外取引　57
　　Ⅳ　訪問販売等に関する法律 …………………………………………62
　　　　　　規制の枠組み　62
　　Ⅴ　消費者信用と割賦販売法 …………………………………………71
　　　　　　消費者信用と消費者被害　73
　　　　　　消費者信用（販売信用）の形態と仕組み　74
　　　　　　割賦販売法　77

第3章　市民社会における家族生活と法

　　Ⅰ　私的生活と家族 ……………………………………………………83
　　　　　　市民社会における「家族」とは何か　83
　　　　　　「家族」の機能　85
　　Ⅱ　家族関係と法 ………………………………………………………86
　　　　　　家族生活を支える主な制度　86
　　　　　　　──民法における家族に関する制度の沿革──

　　　　　　　　　　　　　　　　　　　　　　　　　　目　次

　　　　夫婦関係　86
　　　　親子関係　94
　　　　親族関係——拡張された家族——　105
　　　　家族間の紛争と解決のための手続　109
　Ⅲ　家族と共同生活………………………………………………………111
　　　　夫婦と共同生活　111
　　　　家族の共同生活における子の養育・教育　117
　　　　親族間の扶養　122
　Ⅳ　人の死亡による財産の整理…………………………………………125
　　　　法定相続　125
　　　　遺言による財産の処分　133
　Ⅴ　これからの「家族」「家族生活」と法……………………………140
　　　　今日における家族の機能　140
　　　　「家族生活」をめぐる法と最近の動き　141
　　　　これからの「家族」,「家族生活」をめぐる法的枠組み　142

第4章　市民社会における国家の役割
　Ⅰ　「わが国における国家の在り方」を考える………………………149
　　　　わが国の問題点　149
　　　　行政改革会議『最終報告』　150
　　　　『この国のかたち』　152
　　　　自由・秩序・制度——本章の構想——　155
　Ⅱ　自　　由……………………………………………………………156
　　　　「自由」という言葉　156
　　　　「強制」と「自由」　157
　　　　二つの自由　159
　　　　「他人」とはいったい誰か？　161
　　　　絡み合う2本の蔓　164

　　　　　　　　　　　　　　　　　　　　　　　　　　　　　　v

目　　次

　　　　　　平等が意味するのはどこまでか　165

　　　　　　自由・市民社会・国家　167

　　　　　　国家による介入の行方——パターナリズム——　169

　　　　　　もう一つの制約——公共の福祉——　174

Ⅲ　秩　　序 ……………………………………………………………… 178

　　　　　　"自由な"国家・社会のイメージ　178

　　　　　　「自由"と"秩序？」それとも「自由"の"秩序？」　186

　　　　　　「法の支配」と「法治主義」　190

　　　　　　「法に従う」ということ　193

　　　　　　「法治主義」の思考とその"秩序"形成　195

　　　　　　「法の支配」の思考とその"秩序"形成　196

　　　　　　自由の秩序　197

Ⅳ　制　　度 ……………………………………………………………… 202

　　　　　　権力分立制の出自　202

　　　　　　権力分立制と「法による支配」　205

　　　　　　権力分立制　209

　　　　　　立法権　210

　　　　　　行政権　211

　　　　　　司法権　212

　　　　　　地方自治制度　214

　　　　　　「行政評価」という発想　215

◇市民カレッジ◇

知っておきたい
市民社会の法

第1章

市民社会と法

> 　国の発展と私たちの生活のより一層の充実のために，いまこそ真の市民社会を実現することが必要です。ところで
> ●市民社会とはどのような社会でしょうか？
> ●市民社会では私たちはどのように行動することが期待されるのでしょうか？
> ●市民社会では国はどのような役割を果たすことが予定されているのでしょうか？
> 　考えてみましょう。

市民社会と法

市民社会は法によって秩序付けられている

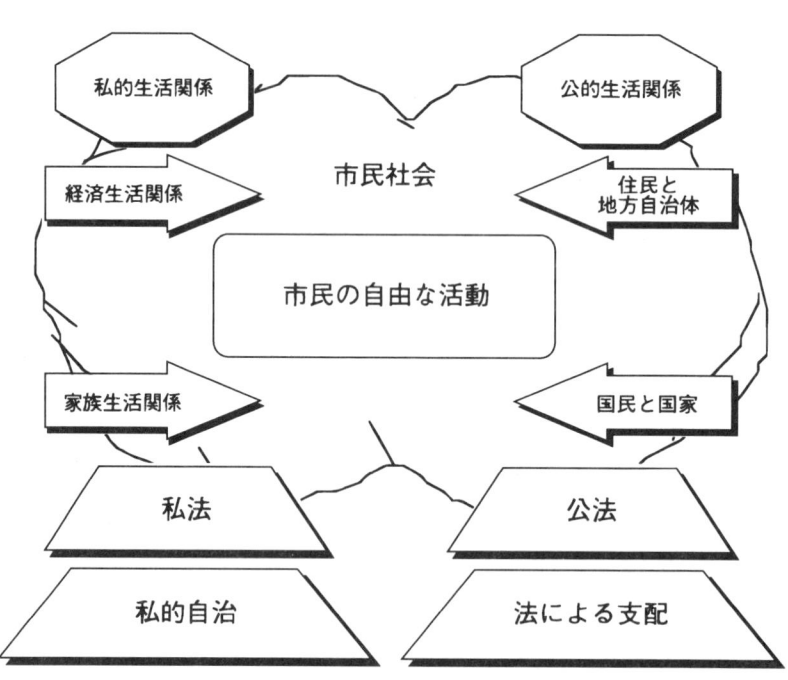

I 市民社会とは

「市民社会」という言葉

　私たちがいま生活を営んでいる社会は，一般に**「市民社会」**と呼ばれています。私たちは，この「市民社会」の一員ですので，**「市民」**と呼ばれます。「市民社会」という言葉は新聞・雑誌等でよく使われていますので，読者の皆さんも目や耳にすることが多いと思います。しかし，「市民社会」とはどのような社会なのでしょうか。編者は，かつて大学で法学の授業をしていたときに，受講生によく質問をしました。ほとんどの受講生が戸惑いを見せました。これは，あまりにも当然のことで，なんと答えてよいか戸惑っていたか，さもなければ高校時代に大学受験勉強が中心で，世界史をきちんと勉強してこなかったために，「市民社会」という言葉を説明できなかったかのいずれかだったのでしょう。いずれにしろ，あらたまって質問されるとなかなか答えにくい言葉ではあると思います。

　ところで，私たちが平和に安心して生活できるのは，私たちが生活している社会を主として「法」が秩序づけているからです。すなわち，法が中心となって市民社会に秩序を与えているから，私たち市民は市民社会のなかで安心して平和な生活を過ごすことができているのです。このように，市民社会の法は，市民社会が円滑に維持され，発展し，市民が安心して豊かな生活をしていくことができるように作られ，運用されているのです。そこで市民社会の法を**「市民法」**と呼び，それ以前の社会の法と区別することがあります。

　さて，私たちの市民社会の法，すなわち「市民法」を理解するためには，その法が秩序づけている社会，すなわち「市民社会」をまず理解しておかなければなりません。なぜなら，すでに述べたように市民社会が円滑に維持され，さらに発展していくよう作られているのが市民法であるからです。

第1章　市民社会と法

市民社会の成立と発展

　私たちが一般に市民社会と呼ぶ社会は，歴史的には中世の封建社会が打破され，その後に作りあげられた社会ということができます。このことを明確にするために，「**近代**」**市民社会**と呼ぶこともあります。中世の封建社会を打破するための人々の行動が，フランス革命に代表される「**市民革命**」です。「市民革命」を知らない人はないでしょう。「市民革命によって成立した社会が市民社会」であるといえば，誰でも，それならば知っているということになるでしょう。

　さて，「市民社会」はそれ以前の封建社会とは異なり，「**自由，平等で対等な市民**」によって構成される社会であるとされました。このことは市民革命のスローガンに明確に表わされています。このように，市民社会では，「構成員である市民は，すべて平等で対等であり，そして自由である」とされました。「自由である」とは，国家から干渉されたり，規制されたりすることがないということです。すなわち，市民は自分の自由な意思にもとづいて生活を営むことができなければならないと考えられました。同時に，自分の自由な意思で行った行動およびその結果に対しては**責任**を負わなければならないとされました。自由には責任が伴うということです。「**私的自治**」という考えです。

　それでは，このような社会における国家の役割はどのように考えられたのでしょうか。封建社会における絶対的な権力を持っていた国家（君主）と異なり，近代市民社会における国家の役割は，市民の自由な活動を可能とする諸制度を作り，また市民の自由な活動を支援し保障することと考えられました。そこで，市民の人間としての基本的な権利を法により認めると同時に，国家の活動の範囲を明確に法により限定し，国家は法の規定にもとづいて，法の手続に従って国民を統治することとされました。これが，「**法治主義**」あるいは「**法による支配**」と呼ばれるものです。このように，近代市民社会

I 市民社会とは

は「私的自治」と「法治主義」をその基本原則とする社会であるということができます。

近代市民社会はヨーロッパの国々において成立しましたが、それ以外の国においても歴史の発展の過程でさまざまな経緯と形態で成立し、それが今日の世界の各国において発展した形で引き継がれています。その意味では、自由と民主主義を前提とした現代の国家は、近代市民社会を前提とし、その発展した社会、いいかえれば**「現代」市民社会**であるということができるでしょう。

わが国で市民社会が成立したのはいつでしょうか

わが国では、市民革命により封建社会を打破して近代市民社会を築きあげたという歴史はありません。しかし徳川幕府が崩壊し、明治維新後わが国が目指してきたのは、士農工商といった身分制度を基礎とし、武士が支配した封建社会に代わって、西欧先進諸国のような身分制度を前提としない自由で平等な市民により構成される市民社会をわが国に実現することでした。明治政府は西欧先進諸国を手本として法制度を整備し、わが国が西欧先進諸国と同じ市民社会を前提とした近代国家であることを諸外国に示そうとしました。

しかしながら、西欧先進諸国のような法制度が整備されても、わが国の社会そのものは多くの封建的な制度や慣行が存続していました。また明治政府は「富国強兵」のスローガンの下で、国の規制や多くの封建的な制度・慣行を導入・維持し、国民に自由や平等を十分に保障せず、必ずしも市民社会と呼べるような社会は実現しませんでした。しかし殖産興業のスローガンの下、また幸運にも第一次大戦で戦勝国となり、わが国の経済は発展し、日本国民の生活水準も向上しました。しかし、昭和初期の世界大恐慌に巻き込まれたわが国はやがて第二次大戦に突入していくことになりました。

第二次大戦に敗れたわが国は、占領国、とくにアメリカの支配の下に、民主的な新しい憲法を制定し、さまざまな改革を行って市民社会実現のために

努力をしてきました。その結果，日本国憲法のもとで封建的な制度や慣行が排除され，市民社会の仕組みはできあがりました。しかしながら，敗戦からの復興，わが国経済発展のための産業・企業の育成・保護が国の政策として優先し，経済への国の介入や規制が大規模に行われてきました。さまざまな幸運にも恵まれ，わが国は敗戦の混乱から立ち上がり，経済を発展させ，世界でも有数の経済大国となり，私たちは物質的にはきわめて豊かな生活をおくることが可能となりました。

他方，国民（企業も含めて）の側には国（地方公共団体も含めて）の保護的・規制的態度に依存する体質が醸成されていきました。何か不都合・困難なことが生じれば自分たち自身の考えや行動によって解決するのではなく，すぐに国に措置を要求するという態度です。これは，国民だけではなく企業をはじめとするさまざまな組織も同様です。こうしたところには，**自己責任原則**が成立しません。

これでは平等で対等な市民の自由な活動が行われ，その結果に責任をとるという本来の近代市民社会は発展してこなかったといえましょう。また国の側にも市民の自由な発想と行動を支援するという，市民社会における本来の国家の役割を果たすという態度に徹するのではなく，国が国民のためにさまざまな政策を策定し実施するという**政府指導型の行政思想**が一般化しました。

このように日本の社会の歴史を振り返ってみると，わが国には本来的な意味での市民社会が成立してこなかったということができそうです。

本来の市民社会の実現が今こそ必要

わが国社会の発展の過程における国のイニシアチブと，国民の国に対する依存体質は，国の行政範囲を著しく拡大し，財政負担を膨大なものとしてしまいました。それでも経済が成長し，国民の要求に応えられる財源が確保されていた時には，何とか国の財政も維持することができました。しかし，経済成長が止まり，国の税収が減少すると国の財政状況は支出が収入を上回る

ことになります。

　わが国は昭和40年代に高度の経済発展をとげ，世界でも一，二の経済大国になったといわれました。しかし，昭和40年代後半に勃発したオイルショックはわが国経済を直撃し，わが国は経済成長の鈍化・停止に見舞われました。この時は，企業が合理化を推進し，輸出をのばすことにより，わが国は経済危機を乗り越えることができました。しかし，このことは欧米諸国との間の**貿易摩擦**を拡大することになりました。欧米諸国から貿易摩擦の解消，すなわち国内需要の拡大，および国内市場のより一層の開放による国際収支における黒字の縮小を迫られることになりました。同時に，国内的には経済大国の国民にふさわしい豊かな生活の実現が国民の側から要求されるようになりました。すなわち，日本が世界で一，二を争う経済大国になったにもかかわらず，国民の生活は欧米先進諸国の国民の生活に比較して豊かではないという指摘です。

　その後わが国は**バブル経済**に突入し，平成3年頃よりバブルが崩壊し，未曾有の経済危機に見舞われることとなりました。バブル崩壊による経済危機は金融機関にも及び，金融機関の倒産も生じ金融システムの安定の確保が政治的な課題となりました。経済危機は，なにもわが国だけの現象ではありませんでした。時間の差はありましたが，世界各国が経済的な困難さと国家財政の悪化を経験し，その克服に努力をしてきています。

　世界の先進諸国は，一方で国家の役割を見直し，効率的で小さな政府の実現を図りました。他方，国の不必要な規制を緩和し事業者に事業活動の自由を拡大し，その活性化を図り，経済の成長を達成しようと努力しています。これら欧米先進諸国はすでに市民革命を通じて市民社会を確立しており，その後の社会発展の過程で生じた国家機能の肥大化，国民に対する規制の増大を見直し，市民社会の活性化を今日の社会に取り戻そうとしているといえましょう。

　ところで，わが国が今進めている**財政改革**，**行政改革**，**規制緩和**からは，必ずしも活力をもった市民社会を現代社会に実現しようとの理念が見えませ

ん。行財政改革は困難な財政状況を改善するためであって，市民社会における国家の役割を見直し，市民社会において国家が果たさなければならない機能に限定した**小さな政府**を実現するといった視点は見出せません。また規制緩和も事業者に都合の悪い規制を緩和し，事業者の利益追求の手段を拡大するだけで，不必要な規制を緩和し国民である消費者利益の増大を図るといった視点も見出せません。

　わが国が現在の困難な状況を克服し，21世紀に向けてより豊かな社会を実現するためには，真の意味での市民社会をわが国に実現することでなければならないと考えられます。いまこそ，市民社会の構築を私たちは行わなければなりません。そのためには，市民社会とはなにか，そこにおいては市民はどのように行動することが要請されるのか，国家はどのような役割を担わなければならないのかを理解し，現代の社会にそれをいかに実現するかを考えなければなりません。

II　市民社会の仕組み

市民社会の構成員は私たち人間だけではない

　市民社会の構成者は本来的には私たち人間です。しかし，現代の市民社会では企業その他人間が作った組織も私たち人間と同じように活動しています。といっても，組織そのものが人間と同じように考え，手足を動かして生活しているわけではありません。その組織に所属している人間が考え，行動しているわけですが，それを組織の考え（意思決定），行動としてとらえているのです。これら組織は**擬制された人間**ということができるでしょう。このように考えると，私たち人間が作った組織も，社会のなかで取引をしたり，寄付をしたり，人を雇ったり，さまざまな活動をしています。そうであれば，市民社会の構成員は単に私たち人間だけではなくて，人間が作ったさまざま

な組織も市民社会の構成員であるということができます。そして市民社会においてこうした組織の比重が大きくなってきているといえます。

市民社会は，「平等で対等な自由な市民によって構成されている」といいましたが，これは市民を私たち人間と考えた場合にいえることであって，大企業と私たち人間が対等平等な構成員であるというのは事実に反するという批判がでてきそうですね。そこで人間が作った組織の比重が大きくなるにしたがって，市民社会の秩序を維持するために，こうした組織をどのように社会的にコントロールしていくかが問題になります。このことに関しては後に述べることにして，ここでは，人間の作った組織も市民社会の構成員であるということだけを理解してください。

市民社会と国

市民社会も社会である以上，その秩序を維持し，社会構成員の安全で豊かな生活を確保していくことが必要です。その機能を果たすために市民社会においても国を組織することが必要です。このように市民社会においても国が必要なのです。しかし近代市民社会における国は，封建社会における絶対君主により支配された国とは異なり，市民によって作られた，市民のためにある国です。すなわち，市民社会を秩序づけ，維持・発展させていく権利（統治権・主権）は市民（国民）に帰属し，国民の委任にもとづいて，国が統治権を行使することになります。日本国憲法はこのことを前文において次のように宣言しています。

「……ここに主権が国民に存することを宣言し，この憲法を確定する。そもそも国政は，国民の厳粛な信託によるものであつて，その権威は国民に由来し，その権力は国民の代表者がこれを行使し，その福利は国民がこれを享受する。これは人類普遍の原理であり，……」

第1章　市民社会と法

　すでに述べたように，近代市民社会においては市民の自治と自己責任が原則となります。したがって，国は市民間の生活関係には原則として介入しないことが原則となります。市民の自治と自己責任の原則が機能するように諸制度を整備し，市民の自由な活動を支援することが国の役割となります。

　他方，主権者である国民の委任により国を維持・管理していくためには，市民である国民を統治していかなければなりません。国を維持管理していくために税金を徴収すること，国の独立を維持するため国を防衛すること，国民の安全な生活を確保するために反社会的行為を取り締まること，市民間の争いを解決して社会の平和を確保することなど，国と国民の間にさまざまな関係が生じてきます。こうした関係は，法による統治という原則により支配されることになります。要するに国は法の規定にしたがって国民を統治しなければなりません。

Ⅲ　市民社会における生活関係と法

私的生活関係と公的生活関係の区別

　私たちは市民社会においてさまざまな生活関係を形成して生活をしています。しかし私たちの生活関係は大きく二つに分けることができるでしょう。一つは，市民社会の構成員間に成立する生活関係，すなわち市民間の生活関係です。これを法律学では**「私的生活関係」**と呼びます。物の売り買い，貸し借りといった経済生活関係は典型的な私的生活関係です。また夫婦，親子といった家族間の生活関係も私的生活関係です。市民相互間のすべての関係が私的生活関係です。私的生活関係は，現在の国際化した社会においては国内だけにとどまらず，国境を越えて展開されています。日本人と外国人との結婚，インターネットによる外国企業との取引，日本企業の海外進出，国内における外国人労働者の採用，外国企業のわが国への進出などを考えればこ

のことは容易に理解できるでしょう。

　私的生活関係に対し，国と国民の関係，また都道府県区市町村（**地方公共団体**あるいは**地方自治体**と呼ばれる）と住民との関係，国の組織間の関係，国と地方公共団体との関係，地方公共団体間の関係などは，**公的生活関係**と呼びます。私たちは，よく挨拶で「公私ともにお世話になっています」といいますが，この公私とはだいぶ違いますので注意しましょう。会社などの組織とそこで働く会社員の関係は公的生活関係ではなく私的生活関係になります。それは会社という市民社会の構成員と会社員という市民社会の構成員相互の関係だからです。

　市民社会における生活関係を，このように法律学で私的生活関係と公的生活関係に分けるのは，それぞれの生活関係を支配する原則が異なるからです。すでに述べたように，**私的生活関係は私的自治の原則**が支配することになります。他方，**公的生活関係は法治主義（法による支配）**の原則が支配することになります。

私的生活関係への国の関与

　ところで，市民社会はその発展の過程において，私的生活関係へ国の関与を要請することが必要となりました。第1に問題になった生活関係は，企業と労働者の間の**雇用関係**です。市民社会においては，雇う者も雇われる者も対等で自由な立場にあるものとされます。この対等で自由な立場にある当事者が，雇用に関する契約を私的自治にもとづいて自由に結ぶことが許されます。しかしながら，一般的には雇う者と雇われる者とは，とくに雇う者が個人ではなく企業の場合には，採用の交渉において企業と個人は決して対等ではありません。一般には労働市場において，供給（働きたい人）が需要（採用）を上回っているため，失業者が存在し，対等の立場で企業と労働条件について交渉し，契約を結ぶことは不可能です。その結果，労働者は劣悪な労働条件の下で働くことを強制されることになりました。このことは，社会全

体として見た場合，労働力の疲弊を招き，その再生産を脅かすことになりました。そこで，働く人たちの労働条件を守り，同時に社会の労働力の再生産を可能とするために，本来は当事者の自由に任せられるべき関係に国が関与することになりました。

第2に問題になったのは，いわゆる**社会保障**，あるいは**社会福祉**の領域です。生まれたときから身体に障害をもっている人や，健全に生まれたにもかかわらず，その後身体に障害を持つようになった人，働く意志と能力を持ちながら職場を確保することができず，生活を維持することができない失業者を，自己責任や篤志家の慈善事業に任せるのではなく，国や地方公共団体がそれらの者の**生存の権利**を保障し，社会全体の健全な発展という観点から支援しています。

第三に問題となったのは，**経済の寡占化・独占化**です。私的自治を原則とする経済社会においては，各経済主体の自由な競争が行われます。それぞれの取引の場（市場）における競争が機能して市場における秩序が形成され，国が積極的に経済の流れに介入する必要はないというのが市民社会における基本的な考え方です。しかしながら，各経済主体の自由な競争にもとづく経済社会の発展は，その後少数の大企業に支配される産業を生み出してきました。そして現在多くの産業が規模の大きな少数の企業により構成される構造になっています。こうした経済の状況を経済の寡占化・独占化といいます。

ところで私たちの身の回りを見渡してみると，多くの商品・サービスが寡占産業から提供されていることに気がつくでしょう。寡占産業において企業は必ずしもお互いに活発な競争を行わず，とくに価格に関しては**協調的に行動**することが知られています。ときには共同して価格を決定したり，市場を分割したり，競争を回避することもあります。競争が活発に行われず，企業が協調的に行動したり，競争を回避する行動をとることは，競争の機能を十分に発揮させ，私たちが望む経済秩序を形成するということを阻害することになります。

そこで現代の先進諸国においては，国が経済に介入し可能な限り競争を確

保・維持し，また寡占・独占の弊害を除去する政策を採用しています。**競争政策（独占禁止政策），中小企業政策，消費者行政**がその代表です。ここにおける基本原理は，**社会全体の利益**の観点から**私的自治の原則に対する修正**です。

このように現代市民社会においては，私的生活関係に社会全体の健全な発展，あるいは社会全体の利益の確保という観点から国が関与するようになってきています。この現象を私的自治が社会全体の利益の観点から修正されていると捉えることができます。

生活関係と法

市民社会においては，私たちの生活関係を私的生活関係と公的生活関係に分け，私的生活関係においては私的自治の原則を，公的生活関係においては法治主義の原則を支配原理としたことはすでに述べました。これらの原則は，それぞれの生活関係を秩序づけるために制定された法の原則でもあります。私たちは，それぞれの生活関係が円滑に営まれるように多数の法を制定しています。これらの法を，規律される生活関係と規律する原理にしたがって分類すると以下のように分類することができます。

　　私法……**私的自治の原則**にしたがって**私的生活関係**を規律する法のグループ。
　　公法……**法治主義の原理**（法による支配）にしたがって**公的生活関係**を規律する法のグループ。

すでに述べたように，市民社会の発展過程において，私的生活関係への国の関与がなされるようになりました。ここでは，私的自治の原則が社会全体の利益の観点から修正されています。私的生活関係への国の関与は，法治主義の原理により法の制定，実施という形をとります。こうした法のグループ

を私法，公法と区別して「**社会法**」と呼びます。規律する原理が社会全体の利益であることから「**社会**」という言葉を使っています。

> **社会法**……社会全体の利益という観点から私的自治の原則を修正した原理にしたがって私的生活関係を規律する法のグループ。

私法・公法・社会法に属する代表的な法

（1） 私法に属する代表的な法

私的生活関係は前に述べたように，市民相互間の関係です。市民それぞれが独立した主体として自己の自由な意思決定にもとづいて行動し，その結果に責任をもつというのが私的自治の原則です。このことが実現するようにするのが法の役割になります。私的生活関係を秩序づけるためのもっとも基本的な法は**民法**と呼ばれています。民法の「**民**」は市民の民です。民法とは「**市民の法**」ということです。民法は私的自治が機能するように基本的な制度や仕組みを作っています。民法が私法の基本的な法と呼ばれるのはこのためです。

民法とならんで代表的な私法は**商法**です。商法は**企業をめぐる生活関係**を，民法を前提にして秩序づけるための法です。

（2） 公法に属する代表的な法

公的生活関係とは，主として国と国民，地方公共団体（都道府県区市町村）と住民の関係です。法治主義の原則の実現，すなわち法の規定にもとづき，法の定める手続にしたがって国を治めることを実現するための法が公法です。国の基本的な組織，国民の基本的な権利・義務，国の運営の基本原則などを定めている**憲法**，わが国の行政組織や行政手続などを定めている**行政法**，裁判制度，裁判の手続などを定めている**訴訟法**（**裁判所法**，**民事訴訟法**，

刑事訴訟法など），反社会的な行為を犯罪行為として定め，それらの行為を行った者を処罰することを定めている**刑法**などは，代表的な公法です。

（3） 社会法に属する代表的な法

すでに述べた労働者と使用者の関係を秩序づけている法（**労働法**）や社会保障・社会福祉（**社会保障・福祉法**）に関する法は，代表的な社会法です。この他に，国が経済の流れに積極的に関与するための法（**経済法**）も社会法に属します。

第2章

市民社会における経済生活と法

　私たちの生活は，物・サービスなどを購入し，それらを消費・使用することで成り立っています。これらは広い意味での経済生活ということができるでしょう。経済生活を秩序づけている市民社会の法原則は私的自治・契約の自由です。
- ところで，経済生活と契約はどのようにかかわっているのでしょうか？
- 契約はどのような役割を果たしているのでしょうか？
- 契約の自由とは何でしょうか？
- 契約をめぐって今日どのような消費者被害が発生しているでしょうか？

　考えてみましょう。

日常生活と契約

私たちの日常生活は経済生活を基礎とする
経済生活は契約をよりどころとする

日常生活

新聞を読む	→ 新聞購読契約
バス・電車を利用して職場に行く	→ 運送契約
スーパーで食料品を買う	→ 売買契約
テレビを見る	→ NHKの番組受信契約
お風呂に入る	→ 電気・ガス・水道供給契約

I 経済生活と民法

私たちの日常生活と経済

　私たちの**日常生活**はそのほとんどが**経済生活**に関係しています。そのことを確認するために，私たちの通常の一日を見てみましょう。

　起床し，歯を磨き洗面します。朝刊に目を通し，朝食をすませ，着替えをして職場に向かいます。バス，電車等交通機関を利用して職場に行きます。午前中の仕事を終え，職場の仲間たちと近くのレストランへ昼食に行きます。行きは一緒でも帰りは別々に職場に戻ります。途中で本屋に寄ったり，店で買物をしたり，あるいは銀行でお金を引き出したりします。午後の仕事を終え，行きと同じ交通機関を使って帰宅します。電車に乗る前に夕刊を買って電車の中で読みます。帰宅後，夕食をとり，テレビを見，あるいは読書をして，入浴後床につきます。

　この一日の生活の中になんと多くの経済生活が関係していることでしょう。歯磨き・洗面に使用した水道水は**市区町村との間で結んだ水道の供給契約**により提供されているものです。食事前に目を通した朝刊は，**新聞販売店との間の個別配達を内容とする新聞購読契約**にもとづいて毎朝定時に配達されるものです。朝の食卓で食べたものは**スーパーやショッピングセンターとの間の売買契約**により購入したもの，あるいはそれらを家庭で調理したものです。調理に使ったガスや電気はそれぞれ**ガス会社および電力会社との間の供給契約**によって供給されたものです。職場への往復は，利用した**交通機関との間の運送契約**にもとづいています。職場での仕事は**会社との間の労働契約**にもとづく労務の提供です。帰宅の交通機関の中で読んだ夕刊は**駅または駅前のスタンドで売買契約**により購入したものです。夕食後に見たテレビの番組は，NHK の番組であれば，**NHK との間の受信契約**により受信料を支払っている

第2章 市民社会における経済生活と法

ものです。

経済生活関係と契約

　このように見てくると，私たちの日常生活はまさに広い意味で経済生活であり，それらは**契約**にもとづいているということができます。いま私たちの日常生活の一日だけを見ましたが，継続的に行われている家族生活や個人の生活を考慮に入れれば，経済生活関係，契約関係はさらに広がることになります。

　私たちの生活は，いま見たように，物・サービス等を購入し，またはその提供を受け，それらを消費または利用することによって成り立っています。私たちが消費または利用している物やサービス等は，主として事業者との取引により入手しています。この取引は法律の言葉でいえば「契約」にもとづいて行われています。たとえば，本を入手する場合を考えてみましょう。私たちは書店と**「売買契約」**を結んで本を手に入れます。本は買わないで借りる場合もありますね。友だちから借り賃を支払わずに借りる場合は，**「使用貸借契約」**と呼ばれる契約を友だちと結んでいることになります。貸本屋さんから借りる場合は，**「賃貸借契約」**を結んでいます。

契約によるルールの設定

　取引は契約にもとづいて行われるといいましたが，契約はどのような役割を果たしているのでしょうか。本を買う場合を考えてみましょう。私たちは書店のカウンターに「この本をください」といって本を持っていきますね。店員は「はい，ありがとうございます」といって，代金を受け取って本を渡してくれます。詳しくは後に述べますが，この過程のなかで**契約が成立**し，**取引のルール**が決められているのです。本には通常の場合，定価が記載されています。私たちはそれを見て，「この本をください」といっているわけで

すから，本の代金は定価の「〇〇円」と契約により決めています。また本の奥付には「落丁本・乱丁本はお取替えいたします」と書いてあります。これも契約の内容に取り込まれています。したがって，購入した本に落丁・乱丁があれば，本を購入した書店で取り替えてもらうことができます。このように，契約により，本の取引に関するルールが決まり，そのルールにしたがって取引は円滑に行われているのです。

　契約はこのように私たちの**経済生活関係のルール**を設定しているのです。このルールにしたがって契約の当事者が行動すれば，私たちの生活は円滑に営まれ，また社会全体の秩序も維持されることになります。しかし，ルールにしたがって行動がなされない場合には，当事者間に**紛争**が生じます。しかし，市民社会においては，この場合にも紛争はルールにしたがって解決され，当事者間，また社会に秩序が回復されます。

契約と私的自治

　市民社会における私たちの私的生活の基本的原理は私的自治であり，この私的生活関係を秩序づけている民法の基本原理も私的自治であることはすでに述べました。ところで，私的生活関係の基本である経済生活関係は，いま説明しましたように契約により成り立っています。そこで，契約にも私的自治の原則が適用されることになります。私的自治の原則が契約に適用されたものを，**「契約自由の原則」**といいます。

　私たちは，契約を結ぶとすれば**誰と**，どのような内容の契約を結ぶか自由です。また，どのような方式，すなわち**書面**によるのか**口頭**によるのかも自由です。もちろん，契約を結ぶかどうかも自由です。契約を結ぶことを他人から強制されることはありません。また他人に契約を結ぶことを強制することもできません。

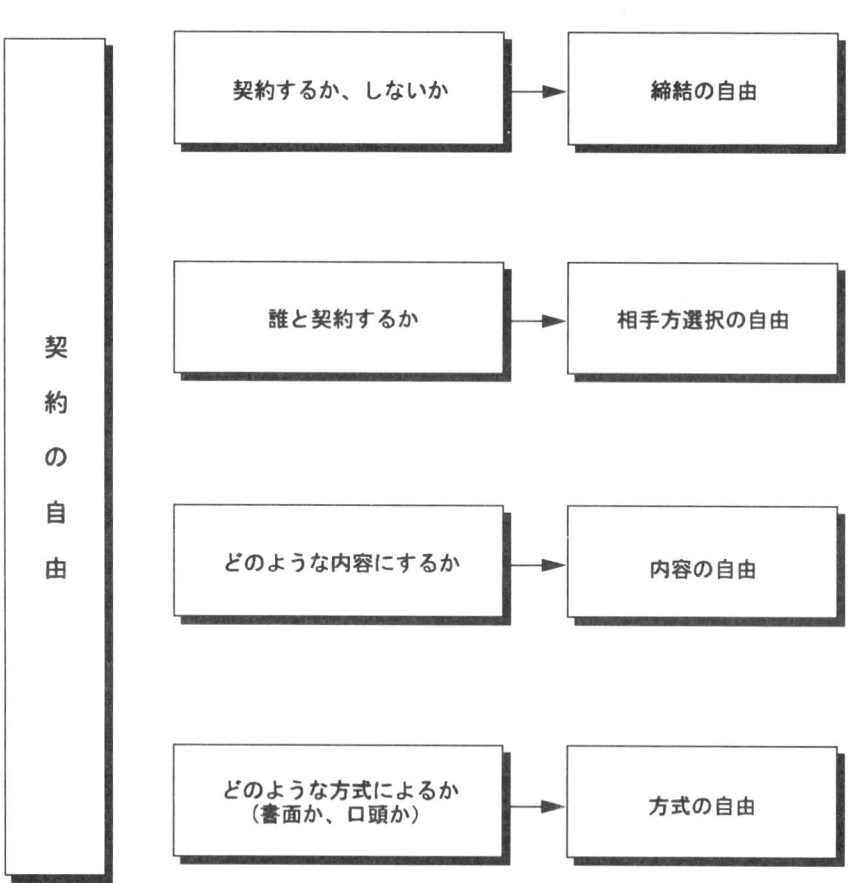

契約と権利・義務関係

　契約によりルールが設定され，このルールにより私たちの経済生活関係が秩序づけられると述べました。このことをもう少し詳しく説明しましょう。契約により設定されたルールは**権利および義務**によって構成されています。売買契約を例として取り上げて考えてみましょう。売買契約を結んだ場合，売主は買主に対しどのような権利を有し義務を負うか，逆に売主は買主に対しどのような権利を有し義務を負うかが決められます。詳細は後に述べることにして，主な権利・義務を簡単に考えてみましょう。まず買主は売主に対して**代金支払義務**を負っています。同時に**購入した品物の引渡しを請求する権利**を有しています。売主は買主に対し**代金支払いを請求する権利**を有し，**売却した品物を引き渡す義務**を負っています。買主，売主が相互に義務を果たし，権利を主張することにより，売買契約は実行されることになります。契約により設定されるルールはこのように権利・義務により構成され，それぞれの義務を果たすことによって経済生活に秩序が維持されているのです。

契約の自由の限界

　私たちの経済社会は国家を基盤として成り立っています。しかし現在では国境を越えて私たちは経済活動を行っています。この意味では国際社会をも基盤として私たちの経済社会が成り立っているといえるでしょう。したがって，**国家の秩序**および**国際社会との調和**の上に経済社会が営まれなければなりません。すなわち，**私的自治・契約の自由も国家社会，国際社会との調和**が必要です。いいかえれば，私的自治・契約の自由にも限界があるということです。契約の自由が原則なのだから，どのような内容の契約を結んでもいいということにはなりません。たとえば，人を売り買いする契約（**人身売買**）が認められてよいでしょうか。また，Aさんを殺したら100万円支払う

取引を実現するための民法の諸制度

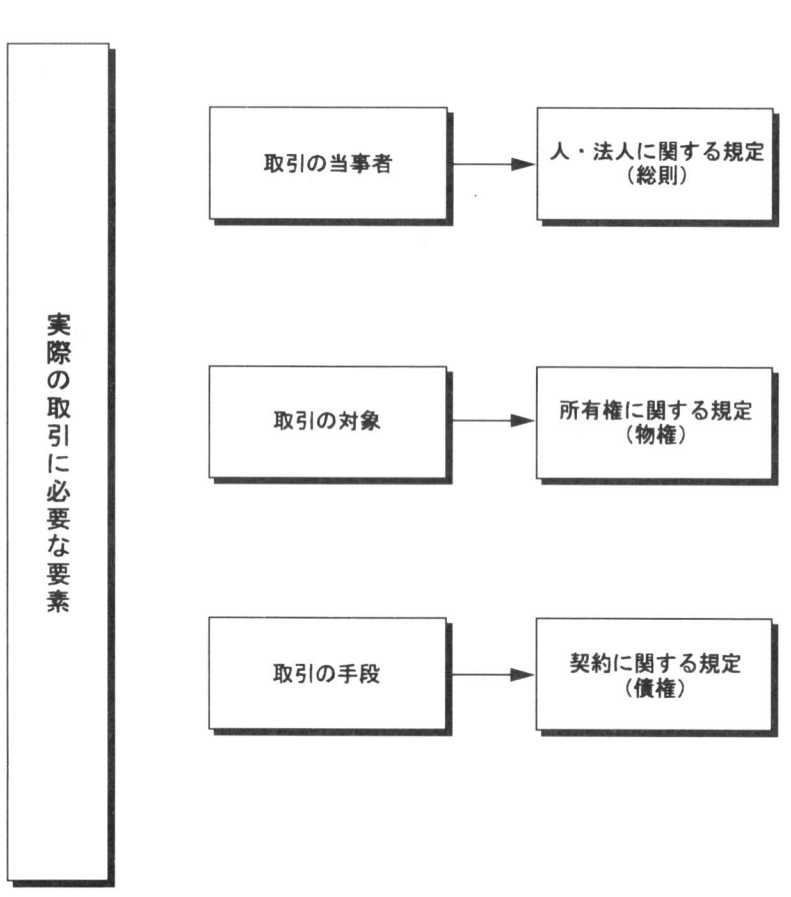

という契約が認められてよいでしょうか。認められてよいわけはありません。このような契約が認められれば社会の秩序は維持できません。またこのようなことは**人類普遍の正義**に反するものです。

　民法は，「公の秩序又は善良の風俗に反する事項を目的とする」契約は無効であると定めています（90条）。「**公の秩序**」とは国の秩序を，「**善良の風俗**」とは社会の道徳を意味します。なお，この二つを合わせて「**公序良俗**」といいます。具体的に何が公序良俗に反するかは，裁判所の判決の積み重ね（判例）により決まりますが，**人倫・正義に反する契約**や，**一方に著しく不利益な契約**または**極端に非常識な契約**は，公序良俗に反するということができます。

　このように契約の自由には限界がありますが，公序良俗に反しなければ自由に契約を結ぶことができるのですから，私たちは非常に広い範囲の私的自治・契約の自由を有しているといえます。

私的自治と国家・法の役割

　私たちは，私的生活関係において契約の自由にもとづいて，自分の望む生活関係（もちろん限界があります。また相手方の意向もあります）を営むことができます。しかしながら，契約の自由が機能するように**制度的保障**がなされることが必要です。また相手が契約で作ったルールを守らないために，自分の望んだもの（契約の目的）が実現されないことも生じます。ルールが不完全なため目的が達成されない場合もあります。さらに，他人の**違法・不当な行為**により**損害**を受けることもあります。さてこうした場合，どうしたらよいでしょうか。このような場合に，私たちを助けるのが，市民社会における国・法の役割です。

　そこで，私的生活関係を秩序づけるための基本的な法である民法は，第1に，契約の自由を保障するためにさまざまな制度を設けています。第2に，私たちがルールをきちんと定めておかなかった場合を想定して，不完全なル

ールを補充するためのルールを用意しています。さらに，国は私人間の紛争を解決するための**裁判制度**を設けています。私たちが自分たちで紛争を解決することができなかった場合に，私たちの求めに応じて**裁判所**は，私たちが**契約によって設定したルール**および**国が用意した補充的ルール**にもとづいて紛争を解決します。

（1） 契約の自由を保障するための民法の諸制度

　物・サービス等の取引が私的自治にもとづいて自由に行われるためには，第1に，市民社会の構成員である市民はだれでも**取引の当事者**になれなければなりません。第2に，**取引の対象**とされる物・サービス等を自由に生産する権利とそれを相手方に自由に提供することのできる権利が認められていなければなりません。たとえば物の売買をする場合，物の所有権が売主に帰属し，売買契約により買主にその所有権が移転しなければなりません。そうでなければ，買主は購入した物の所有権を取得することができないからです。要するに，私的所有権制度が確立されていなければなりません。第3に，取引の手段である契約に関する制度が設けられていなければなりません。

　❶　取引（契約）の当事者についての制度

　民法は，すべての人が出生という事実をもって取引の当事者となる資格を持つと定めています（1条ノ3）。しかし，実際には，生まれたばかりの赤ちゃんが自分自身で自ら契約を結んで取引を行うことはありえません。また，一定の年齢に達しないと人は十分な判断能力が形成されません。このような人が取引をしても，それは本人の本当の意思にもとづいたものといえない場合が多いでしょう。また，その年齢に達していても，精神の障害のためや高齢のために十分な判断能力を持たない場合もあります。

　そこで民法は，法律的に完全で欠点のない契約を結ぶためには，一定の要件を満たすことを私たちに求めています。この要件を欠く者が契約を結んだ場合には，その契約は**無効**または**取り消す**ことができることとされています。この点については後に詳しく説明します。なお，私たち人間だけではなく，

I 経済生活と民法

私たちが作った組織や団体（たとえば会社，学校）も現実に契約を結び取引を行っています。これは，民法やその他の法律がこれらの組織や団体に契約の当事者となりうる資格を認めているからです。このように法律により，契約の当事者となりうる資格を認められている組織および団体を「**法人**」といいます。これに対し，私たち人間を「**自然人**」とよびます。

❷ 取引の対象についての制度

民法は私的所有権制度を定めています。すなわち民法は，「所有者ハ法令ノ制限内ニ於テ自由ニ其所有物ノ使用，収益及ヒ処分ヲ為ス権利ヲ有ス」（206条）と定めています。すなわち，物の所有権は国にではなく，市民である私人（法人を含め）に帰属し，所有権は物の所有者である私人が自己の自由な意思にしたがって，どのように支配してもよい権利ということになります。このことを表現する言葉として「**私的所有権絶対の原則**」があります。この言葉は，所有権は国にではなく私人に帰属し（私的），他人の支配によるのではなく自分の意思で物を自由に支配することができ，支配はあらゆる面に及ぶ（絶対）ということを表わしています。

私たちは所有権にもとづいて，所有物を加工して新しい物（製品）を製造することがまた物を使用してサービスを生み出すことができます。こうして作られた製品やサービスを他人と取引することができます。このように，私的所有権制度は取引の対象となる物についての制度を設定して，取引が自由に行われることを可能にしています。

❸ 取引の手段についての制度

取引はすでに述べたように，契約によって行われます。民法は，**第三編債権**において，契約について，成立，効力，解除等，詳細に定めています。契約に関する制度を作ることにより，取引が円滑に行われるようにしています。

以上述べたように，民法は取引の当事者，客体，手段に関する諸制度を設定することにより，私的自治（契約）にもとづいて取引が円滑に行われるようにしているのです。

契約内容の決定と補充

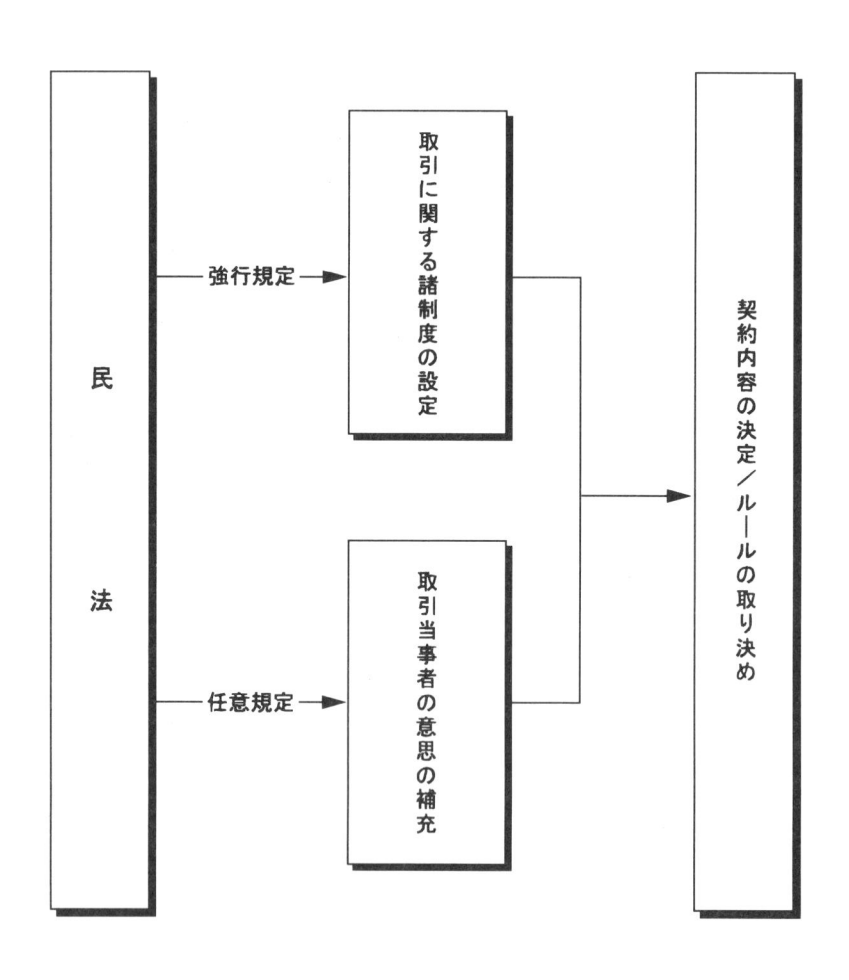

```
                    ┌─────────────────┐
          強行規定 → │ 取引に関する    │
         ┌────────→ │ 諸制度の設定    │ ─┐
         │          └─────────────────┘  │
┌────┐   │                                │   ┌──────────────────┐
│民法│ ──┤                                ├─→ │契約内容の決定／  │
└────┘   │                                │   │ルールの取り決め  │
         │          ┌─────────────────┐  │   └──────────────────┘
         │ 任意規定→│ 取引当事者の    │  │
         └────────→ │ 意思の補充      │ ─┘
                    └─────────────────┘
```

（2） 契約の自由の補充

　私たちは，契約の自由にもとづいて，相手方との合意の下で，自分が望む相手と自分が望む条件で，自分が望む方式で契約を結び取引をすることができます。このように，私的自治の下では，取引当事者間のルールを自分たちで作り，そのルールにしたがって行動することが前提とされています。そして，当事者間に問題が発生しなければ，取引は順調になされ，当事者双方が目的を達成することになります。

　ところで，私たちは，取引をするときに将来問題が起きないようにきちんとルールを契約で決めているでしょうか。たとえば，スーツを買うときに，購入した後にキズを発見した場合には，スーツを取り替えてもらうとか，修繕をしてもらうとか，あるいは売主はいっさい責任を負わないとか，ルールを決めているでしょうか。たぶん私たちは詳細なルールを設定してはいないのではないでしょうか。

　もし取引に関して当事者の間に問題が発生し，当事者間でその問題に関して事前にルールが設定されていない場合，ルールの定めはあるがその解釈について当事者間に意見の対立がある場合，またルールが曖昧で明確でない場合等には，当事者間に利害対立が生じたり，あるいは紛争に発展することがあります。私的自治の下では，これらの利害対立の調整も，紛争の解決も当事者の自由な意思に任されています。しかし，最終的に当事者間の自治で解決されない場合はどうなるのでしょうか。

　民法はこうした場合を想定して，よく生じるおそれのある紛争の**解決のための基準**を設定しています。たとえば，デパートでスーツを買ったとしましょう。色と柄を選び，気に入った仕立てのスーツを選択し，試着して購入しました。家に持ち帰り，よく調べたところ，背中の部分に汚れがありました。この汚れはデパートでは気がつきませんでした。このような場合，私たちは契約で事前に問題解決のためのルールを設定することをしていないのが通常でしょう。そこで，民法はこのような問題が生じることを想定して，解決のための基準を設定しています。すなわち契約を締結したときに買主が発

見できなかった**キズ（瑕疵・かし）**があって，このために契約を結んだ目的が達成されない場合には，買主は契約を解除することができ，その他の場合には**損害賠償の請求**ができると定めています（570条）。具体的には，あまりに汚れがひどくきれいにすることができない場合には契約を解除して，洋服を返却し代金を返してもらうことができます。たいした汚れではなく，容易に汚れを落とすことができる場合には，売主の費用負担（損害が費用分という）できれいにしてもらうことになります。当事者間で解決できず，裁判所に解決を頼んだ場合には，当事者間でルールが作られていなければ，裁判所はこの規定によって紛争を解決します。

いま説明したことは非常に重要なことですので，角度を変えてもう一度説明しておきましょう。いま取り上げた規定，民法570条は私たちに，規定の内容どおりに行動しなさいとか，契約を結びなさいといっているのではありません。私たちが契約でルールを設定していない場合，当事者間で解決がつかず裁判所に解決を求めた場合には，裁判官はこの規定にしたがって事件を解決します。この意味で，民法570条は私たちに向けられているのではなく裁判所あるいは裁判官に向けられた規定ということができます。

私たちが契約で設定するルールを補充したり，明確にしたりする役割を果たす規定を「**任意規定**」といいます。その規定の適用を受けるか受けないかは当事者の任意であるということで任意規定とよばれるわけです。すなわち私たちは私的自治契約の自由にもとづき，任意規定と異なる内容の契約を結ぶことができます。その場合には，私たちは，任意規定の適用（裁判所が紛争の解決に用いること）を排除していることになります。

任意規定と反対の規定を「**強行規定**」といいます。強行規定は，私たちの意思でその規定の適用を排除することはできず，国の一方的な意思で適用されることになります。たとえば前に説明したような，契約の自由を保障するための諸制度を設定している諸規定は強行規定です。たとえば，成年者を満20歳と定めている規定は強行法規です。いかに自分が判断能力があるかを示しても，20歳未満であれば成年者としては取り扱われません。

Ⅱ 契約の基礎知識

契約とは,約束との違い

　私たちが取引をする場合には,当事者の間で**契約**をして取引をします。しかし単なる**約束**と契約が違うところは,約束の場合には約束をした当事者間に権利・義務が生じませんが,契約の場合には当事者に権利・義務が生じることです。契約において義務が果たされない場合には,権利者は義務が果たされるように,強制することを裁判所に求めることができます。

　子供に次の日曜日に遊園地につれていくと約束した場合と,お店でセーターの売買契約を結んだ場合を考えてみましょう。子供との約束からは権利・義務は生じません。また約束を果たさなかったとしても約束違反として裁判所に訴えられ責任を追及されることはありません。とはいえ,**道義的な責任**,あるい子供から信頼されなくなるという結果は甘受しなければなりません。しかしセーターの売買契約の場合には,代金の支払いをしなければ,あるいはセーターの引渡しを怠れば,権利者は義務を果たすように相手方を裁判所に訴えることができます。取引は単なる約束により行われるのではなく,契約により行われるのです。

契約の種類

　私たちが取引を行う場合,私的自治の原則が働きますので,さまざまな契約が結ばれ取引がなされることになります。**売買契約**による取引もあれば,**賃貸借契約**による取引も,また**交換契約**による取引もあるでしょう。売買契約の場合でも内容はさまざまです。**一括払い**の場合もあれば,**分割払い**の場合もあるでしょう。私たちは,今日の複雑・多様な社会の中で,実にさまざ

日常生活におけるさまざまな取引

私たちはさまざまな取引を利用して生活している

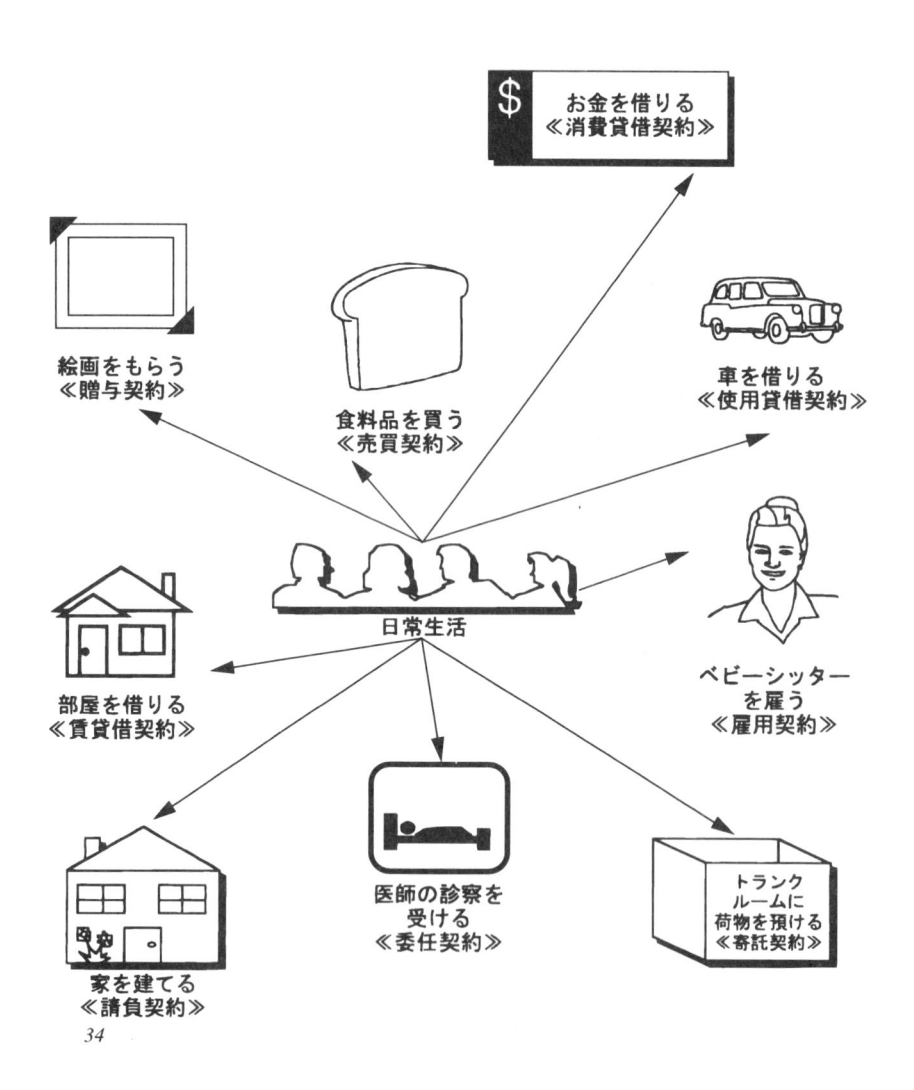

お金を借りる
《消費貸借契約》

絵画をもらう
《贈与契約》

食料品を買う
《売買契約》

車を借りる
《使用貸借契約》

日常生活

ベビーシッター
を雇う
《雇用契約》

部屋を借りる
《賃貸借契約》

家を建てる
《請負契約》

医師の診察を
受ける
《委任契約》

トランク
ルームに
荷物を預ける
《寄託契約》

まな契約を結び取引を行っているのです。

　そうはいっても，私たちが日常生活でよく結ぶ契約の類型がそれほど多くあるわけではありません。民法は，私たちがよく結ぶ契約を取り上げて，これらの契約において紛争になると考えられる事項について，紛争解決のための基準（任意規定）を定めています。民法は全部で13の契約類型を取り上げています。しかし，これらの契約類型は民法を制定した当時（明治29年），契約の典型的な類型と考えられたものですが，この類型のなかには今日の経済社会においては必ずしも典型的な契約類型でないものもあります。逆に，今日の経済社会においてよく使われる契約類型が含まれていません。

　ここでは，民法で取り上げられている契約類型で，今日の経済社会ではあまり典型的とはいえないものを除いて，以下の契約類型を簡単に紹介することにしましょう。

　① 贈与契約（549条〜554条）
　② 売買契約（555条〜585条）
　③ 交換契約（586条）
　④ 消費貸借契約（587条〜592条）
　⑤ 使用貸借契約（593条〜600条）
　⑥ 賃貸借契約（601条〜622条）
　⑦ 雇用契約（623条〜631条）
　⑧ 請負契約（632条〜642条）
　⑨ 委任契約（643条〜656条）
　⑩ 寄託契約（657条〜666条）

　あまりなじみのない名前のついた契約類型もありますね。これらは法律学では**典型契約**と呼ばれています。これらの契約類型が，今日の私たちの経済生活において結ばれる典型的な契約類型をすべて網羅しているわけではありません。経済社会の変化およびそれに伴っての私たちの生活の変化に対応し

て，これらの典型契約も変化したり，また新しい契約類型が生み出されたりしています。しかしながら，民法はまだそうした新しい状況に対応できていません。ここでは，民法の典型契約を中心に契約の基礎を勉強しておくことにしましょう。

まず，先に述べた民法の典型契約を，私たちがそれを利用する目的にしたがって大まかに分類してみましょう。

① 物の移転を目的とする契約……贈与契約，売買契約，交換契約
② 物の利用を目的とする契約……消費貸借契約，使用貸借契約，賃貸借契約
③ 人の労務を利用することを目的とする契約……雇用契約，請負契約，委任契約，寄託契約

それでは，次にこれらの契約を簡単に説明しておきましょう。

(1) 物の移転を目的とする契約

① **売買契約**……売買契約とは，当事者の一方が物の所有権を相手方に移転することを約束し，相手方がこれに対し代金を支払うことを約束する契約です（555条）。本を買う，パンを買う，自動車を買う，マンションを買う約束は売買契約です。
② **交換契約**……交換契約とは，お金以外の物の所有権を互いに移転することを約束する契約です（586条）。友だちとそれぞれ所有するCDや本を取り替える約束は交換契約です。
③ **贈与契約**……贈与契約とは，当事者の一方が自分の所有する物あるいは権利を無償で相手方に与えることを約束する契約です（549条）。友だちから，ただで本をもらう約束は贈与契約です。

(2) 物の利用を目的とする契約

① **消費貸借契約**……相手方よりお金その他の物を受け取って，後にそれ

と同じ価値，品等，等級，および数量の物を返すことを約束する契約です（587条）。消費貸借契約では，相手方から受け取った物は，たとえばお金のように使うとなくなってしまう（消費してしまう）ことが前提になっています。したがって，使ってもなくならない物，たとえば自転車は消費貸借契約の対象にはなりません。それは次の使用貸借契約または賃貸借契約になります。

　消費貸借契約では，借りたものは消費してしまいますので，借りたその物自体を返すことはできません。同じ価値，品質・等級および数量の物を返します。お金を借りる契約は代表的な消費貸借契約です。**金銭消費貸借契約**といいます。通常はこれに利子を付けて返しますね。

② **使用貸借契約**……相手より物を受け取って，その物をただ（無償）で利用した後に，その物を相手方に返すことを約束する契約です（593条）。ただ（無償）で使用するところがこの契約の特徴です。友だちから自転車を借りる，時計を借りる，テニスのラケットを借りる，そして使用料を払わずに返すという約束は使用貸借契約です。

③ **賃貸借契約**……賃貸借契約とは，相手方に物を使用させることを約束し，相手方がそれに対し報酬を与えることを約束する契約です（601条）。使用料を払って自転車を借りる，家賃を払って家を借りる，部屋代を払って部屋を借りるのは賃貸借契約です。使用料を払うところが使用貸借契約と異なります。

(3) 人の労務の利用を目的とした契約

① **雇用契約**……労務に服することを相手に約束し，相手がそれに対し報酬を与えることを約束する契約です（623条）。月10万円支払いますので私のところで働きませんか，それではあなたのところで働きましょう。これは雇用契約です。しかしながら，現在は，労働者の保護のために「**労働基準法**」が定められていて，使用者と労働者の関係はほとんどがこの法律で規律されています。労働基準法では雇用契約とはいわずに

「**労働契約**」といいます。労働基準法が適用されず,民法の雇用契約に関する規定が適用されるのは,同居の親族だけを使用する場合と家事使用人の場合だけです(労働基準法8条参照)。

② **請負契約**……当事者の一方がある仕事を完成することを約束し,相手がその仕事の結果に対して報酬を与えることを約束する契約です(632条)。家の建築についての建設会社との契約,洋服店との洋服仕立ての契約は請負契約です。この契約は完成された仕事の結果を目的(契約どおりに家,服が出来上ること)とします。仕事の完成までのプロセスは重要視されませんので,請け負った者が他人を使って仕事を完成させてもかまいません。

③ **委任契約**……相手に法律的な事務の処理を委託し,相手方がこれを了承する契約です(643条)。家の売却,あるいは購入を委託する契約は委任契約です。**事務の処理**には法律的な事務の処理だけではなく,それ以外の事務の処理もあります。たとえば,資料の収集・整理を委託する,子どもを一時預けるなど。これらを**準委任**といい,委任に関する規定を適用することになります(656条)。委任では相手を信頼して事務処理を委託しますので,委託を受けた当人が事務処理をしなければなりません。この点は請負契約とは異なります。

④ **寄託契約**……相手から物を受け取って相手のためにその物の保管をすることを約束する契約です(657条)。家を建て替えるので,家具を預かってもらう契約は寄託契約です。

さて,民法で取り上げられている契約(典型契約)について,大まかな類型化をして,個々の契約について簡単な解説をしました。皆さんが日常生活のなかで結んでいる契約は,どの契約類型に該当しましたか。どの類型に該当するか不明の契約もあったと思います。すでに述べたように,私的自治・契約の自由が原則ですから,私たちは,さまざまな内容の契約を結ぶことができます。民法は当事者の利害対立・紛争の解決の観点から,典型的と考えられる契約類型を取り上げ,解決の基準(任意規定)を定めているのです。

Ⅱ　契約の基礎知識

したがって，皆さんが結んだ契約すべてを典型契約のなかに見出すことができない場合もあるのです。

不幸にして，皆さんが結んだ契約に関して相手との間で利害の対立，紛争が発生した場合には，その契約が典型契約に当てはまるかどうか調べ，当てはまる場合に関係条文を探してみてください。ただし，これらの規定は原則として任意規定であることを忘れないでください。

契約の成立

(1)　申込みと承諾

いろいろな契約があることを，民法の典型契約を材料にして説明しました。これまでにも若干触れましたが，契約は原則として契約当事者の合意により成立します。法律的には，これを契約当事者の**「意思の合致」**といいます。たとえば，売買契約を考えてみましょう。

AさんがBさんに，「この時計を5,000円で売ります」といい，それに対してBさんがAさんに「その時計を5,000円で買いましょう」といえば，当事者の意思の合致がありますので契約は成立します。Aさんの「この時計を5,000円で売ります」という意思表示を**「申し込み」**，Bさんの「その時計を5,000円で買いましょう」という意思表示を**「承諾」**といいます。いま**「意思表示」**という聞き慣れない言葉を使いましたが，「売ります」，「買います」という言葉は，当事者の「売る」，「買う」という意思を表していますので，法律では「意思表示」と呼び，**「意思」**と**「意思表示」**とを区別します。意思とは人の心の中のもの，意思表示はそれが外に現れたものといえます。ところで，私的自治は，私たちが望むことを実現するという原則ですから，できるだけ当事者の意思を大切にします。このことはまた後で説明することになります。

さて，先ほどの例で，Bさんが「4,000円なら買います」といったらどうでしょうか。これはAさんの「この時計を5,000円で売ります」という申込

39

第2章 市民社会における経済生活と法

みの意思表示に対する「承諾」になりませんね。したがって、この場合には意思の合致がありませんので、売買契約は成立しないことになります。しかし、Bさんのこの意思表示に対し、Aさんが「いいでしょう、4,000円にまけておきましょう」といったらどうなるでしょうか。民法はこの場合、Bさんの「4,000円なら買います」という意思表示を、Aさんの申込みに対する拒絶と新たな申込みであるとしています（528条）。そこで、Bさんの「4,000円なら買います」は申込み、Aさんの「いいでしょう。4,000円にまけておきましょう」は承諾となり、契約は成立します。

ところで、A会社より小包が届き、開けてみると本と5,000円で売りたい旨の書面が同封されていました。これだけでは本を5,000円で売りたい旨の申込みですから、本を受け取ったからといって承諾しているわけではありませんので、契約は成立していません。承諾の意思表示をしなければ、契約は成立しませんから、その後、代金の請求があっても支払いの義務はありません。しかし、Bさんがその本に自分の署名をし、あるいは蔵書印を押して読み始めました。この場合、契約は成立しているでしょうか。署名をしたり、蔵書印を押したりして読み始めたということは、承諾の意思表示と認められる事実があったということで契約が成立したとされます（526条2項参照）。

最近、注文していない商品が送られてきたり、注文した商品と一緒に注文していない商品が送られてきたりします。この種の販売方法を**「ネガティブ・オプション」**（送り付け商法）といいます。その後、商品を受け取ったから契約が成立しているといって、代金を請求してくる悪徳事業者がいて、消費者が被害を受ける事例があります。契約が成立しないとしても、送られてきた商品をどのように取り扱えばよいか困りますね。後に詳しく説明しますが、**「訪問販売法」**では規定を設けています。商品が送られてきた日から数えて14日たてば、事業者は商品の返還を求めることができなくなります。送られてきた商品を受け取った人は自由に処分することができます。また、事業者に引取りを請求すれば、その日から数えて7日たてば自由に処分できます（訪販法18条）。

ショーウィンドーに商品が飾ってある，商品・サービスの広告のチラシが来た，電話の勧誘を受けた等は，申込みではありません。これらを**「申込みの誘引」**といいます。この誘引を受けて，商品・サービスの購入の意思を表示するのが申込みです。実際には，「申込みの誘引」と「申込み」を区別することはかなり困難な場合がありますが，両者を区別して考えることが大切です。申込みの誘引を受けて事業者のところに出かけていったら，契約が成立したなどという悪質な事業者がいますから注意しましょう。とくに電話の勧誘には注意しましょう。相手の話にうなずきながら対応していると，言葉尻をつかまえて承諾したといって，契約が成立したと主張する悪徳事業者がいます。この点も後に詳しく説明します。

　さて，契約は当事者の合意により成立すると説明してきました。しかし筆者は「原則として」という修飾語を付してきました。典型契約のなかには合意だけでは成立しない契約もあります。たとえば，消費貸借契約を考えてみましょう。消費貸借契約は，「相手より金銭その他の物を受け取って，後にそれと同じ価値，品等，および数量の物を返すことを約束する」契約でしたね。この契約では相手より「物を受け取る」ことが必要です。民法の典型契約である消費貸借契約は，物を相手方より受け取らなければ契約は成立しないのです。このような契約を**「要物契約」**といいます。これに対して，合意だけで成立する契約は**「諾成契約」**といいます。使用貸借契約も要物契約ですね。しかし賃貸借契約は諾成契約ですね。

（2）　契約の成立しない場合（無効な契約）
　申込みと承諾があっても次の場合には，契約は無効で成立していません。
❶　公序良俗違反の契約
　契約は申込みと承諾により原則として成立します。しかし，すでに「私的自治の限界」のところで述べましたように，目的・内容が公序良俗（公の秩序または善良な風俗）に反する契約は**無効**です（90条）。無効とは契約が存在しないということです。したがって，権利・義務も発生しません。なお，

契約の一部の条項が公序良俗に反する場合には，契約全体が無効になるのではなくその条項だけが無効になります。公序良俗についてはすでに説明しましたので，ここでは繰り返しません。

❷ 意思能力のない者の結んだ契約

市民社会においては，すべての人が**出生**という事実をもって取引（契約）の当事者になる資格が認められると説明しました（1条ノ3参照）。このことを法律では「**権利能力**」といいます。また，私的自治（契約の自由）の原則により，人は自己の自由な意思にしたがって生活を営むことができると説明しました。さらに，国は市民の自由な意思による生活を支援することが市民社会における国の基本的な役割であると説明しました。

ところで，すべての人が正常な判断力を有するわけではありません。幼児や痴呆老人は自分の行為の意味やその結果を認識できません。幼児や痴呆老人だけではなく，他にも自分の行動の意味や結果を認識できない人がいます。私たちもこのような状況に陥る場合がないとはいえません。こうした状況の下で，「申込み」や「承諾」の意思表示をしたときに，その意思表示を有効なものとして取り扱い，その実現に国が手を貸すことは妥当なことでしょうか。それはほんとうに私的自治の原則の実現なのでしょうか。決してそうではありませんね。

そこで，自分の行為の意味や行為の結果を認識できない人を保護するため，その人の行った意思表示は無効であるとされています。すなわち，自分の行為の意味や行為の結果を認識できる能力を「**意思能力**」と呼び，意思能力のない人の意思表示は無効となります。したがって意思能力のない人が「申込み」や「承諾」をしてもそれは無効ですから，契約は成立しません。

❸ 錯誤により結んだ契約

商品やサービスの値段を読み違えて，たとえば「定価10,000円」を「定価1,000円」と読み違えて，申込みをしてしまったということはよくあることです。このような間違いを「**錯誤**」といいます。皆さんも経験があると思います。「定価1,000円」と読み違えて申込みをしたのですから，ほんとうの意

思は「その商品・サービスを1,000円で買います」ということです。この意思を尊重するということになれば，相手方の「10,000円で売ります」という意思表示とは合致しませんので契約は成立しないことになります。

　しかし，相手からすれば，申込みがあったのですから，承諾すれば契約は成立しているということになります。両者が自己の考えを主張し続ければ紛争が生じます。民法はこの場合の解決の基準として，両者の利害関係を考慮して以下の趣旨の規定を定めています（95条参照）。意思表示の重要な部分に錯誤があり，そのような錯誤がなければ普通は誰もそのような意思表示をしない場合には，その意思表示は無効であるとしています。この場合，申込みは存在しないのですから契約は成立せず，無効ということになります。ただし民法は，ちょっと注意すれば間違いをしなかったのに，その注意を欠いたために間違いをした（「**重大な過失**」）場合には，自分の方から無効を主張できないと定めて当事者間の調和を図っています（95条但書参照）。

（3）　契約の成立に書面，印鑑は必要か

　契約は書面で行わないと有効ではないと考えている人が多いと思います。すでに説明したように，契約自由の原則ですから，どのような方式で契約を結ぼうと自由です。口頭による契約も自由です。ただし将来に備え，契約の存在，契約の内容を明確にしておくためには書面にしておくほうがよいということはいえます。後で述べますが，取引方法によっては書面の交付を事業者に法律上義務づけている場合があります。しかし，この義務に事業者が反した場合，制裁が事業者に課されますが，契約の成否には関係ありません。

　また，契約書に印鑑を押すとか，実印を押すことを要求されることがありますが，それがなければ契約は有効に成立していないということはありません。

第2章　市民社会における経済生活と法

契約の取消

　有効に成立した契約でも，これを取り消して契約がなかったことにすることが認められる場合があります。無効との違いは，無効の場合は最初から契約が成立していませんが，取消の場合は有効に成立した契約が，「取消」により最初からなかったことになります。したがって，無効の場合，契約は成立していませんから，何もしなくても契約は無効です。しかし取消の場合，契約は有効に成立していますから，「取消」という行為が必要になります。取り消すことにより契約は無効となり，最初からなかったことになります。それではどのような場合に契約を取り消すことができるのでしょうか。

（1）　取消のできる場合　その1：未成年者等行為無能力者の場合

　20歳未満の者を**未成年**といい（3条），未成年者が**親権者**（普通は両親・詳しくは第3章参照）の同意を得ないで行った契約は取り消すことができます（4条）。**禁治産者**（行為の結果を認識できないのが通常の状態である者。家庭裁判所の宣告が必要）および**準禁治産者**（禁治産者ほどではないが十分な判断力を有していない者または前後の見さかいなくお金を使う者。**家庭裁判所の宣告**が必要）が単独で行った契約も取り消すことができます（9条，12条3項）。すでに説明しましたが，人はだれでも意思能力があれば有効な契約を結ぶことができるのですが，いちいち契約を結んだときに意思能力があったかなかったかを判断し，契約が有効に成立しているか否かを調べるのは煩雑であり，また実際には判断が困難な場合もあるため，これらの者の結んだ契約を取り消すことのできるものとして一律に取り扱うこととし，これらの者の保護を図ったのです。すなわち，未成年者，禁治産者および準禁治産者（これらの者を**「行為無能力者」**といいます）は十分な判断力を有さない場合があるので，単独で契約を結んだ場合には，取り消すことができるとしたのです。話が複雑になりますので，これから先は未成年者の場合につい

Ⅱ 契約の基礎知識

てだけ説明します。

取消をすることができるのは，契約を結んだ未成年者と親権者です（120条）。取消は，契約の相手に「取り消します」と意思表示をするだけです（123条）。取消をしますと，契約は初めから無効なものとなります（121条）。

この制度は，本来は判断力の十分でない者を保護するためですが，未成年者と契約を結びますと契約は取り消されるおそれがありますので，相手も契約を結ぶ場合に慎重になります。そこで，この制度は取引の安全という社会的な機能も果たすことになります。

なお，未成年者で法律上正式に結婚している者は成年者として取り扱われます（753条）。親権者より営業を許された未成年者は，その営業に関しては成年者として取り扱われます（6条）。また，未成年者が小遣いを使う場合にも親権者の同意を得る必要はありません（5条）。これらの場合には，未成年者が結んだ契約でも取り消すことはできません。

現在，問題とされているのは，判断力の衰えた高齢者の場合です。判断力の衰えた高齢者をだまして物やサービスを売り込む事業者がいます。こうした取引から高齢者を守るためにどのような後見制度を作るかが議論されました。従来，高齢者に対する特別な保護制度がなかったため，「禁治産者」または「準禁治産者」の枠内で対処するしか方法がありませんでした。

しかし，従来の制度には，制度を利用する際に高齢者が心理的な抵抗を感じたり，今日の生活実態にそぐわない面がみられました。そこから，民法の改正，および民法の特別法の制定により，**成年後見制度**があらたに発足することになりました（成年後見制度に関しては115頁を参照のこと）。

成年後見制度は，精神上の障害の程度に応じて（軽い順から），**補助**，**保佐**，**後見**という類型をおいています。補助制度は新たな類型です。従来の準禁治産者に該当する**心神耗弱**には至りませんが，判断能力が不十分であり，法的な保護を必要とする者が対象になります。特定の行為に限って，**補助人**に**同意権**，**代理権**の一方または双方を付与することができます。補助人の同意を得ずになした行為は，本人を加え，補助人も取り消すことができます。

保佐制度は，従来の準禁治産者制度に対応しますが，重要な財産行為については，本人のみならず，**保佐人**も取り消すことができるようになります。保佐人には，代理権を付与することもできます。

後見制度は，従来の準禁治産者に対応しますが，日用品の購入など日常生活に関する行為に関しては，本人も後見人も取り消すことはできなくなります。制度の利用を確認する手段として，従来の戸籍への記載に替えて新たな登録制度が予定されています。

これらの制度では，財産管理が中心となりますが，医療契約，施設入所契約，介護契約などの契約には，身上面の保護という側面がありますので，補助人，保佐人には，本人の身上に配慮する義務が生じます。後見人には，従来の禁治産制度にみられるように医療看護義務があります。

成年後見制度におけるもうひとつの制度は，**任意後見契約**です。事前に痴呆後の財産の管理の仕方などをあらかじめ決めておく制度です。財産管理等の事務について代理権を授与される人を任意後見人といいます。代理権は，家庭裁判所による**任意後見監督人**の選任を通じて発生します。任意代理人は公的な監督を受けることになります。任意後見契約の締結にあたっては，公正証書の契約書を作成します。

（2） 取消のできる場合　その2：詐欺による場合

イタリア製の本物のブランド品といわれて買ったら，偽ブランド品であったという場合のように，相手にだまされて結んだ契約は取り消すことができます（96条）。契約の相手ではなく，第三者（契約の当事者以外の者）がうそをついた場合には，相手がその事実（うそであること）を知っていた場合だけ取り消すことができます（96条2項）。

（3） 取消のできる場合　その3：強迫による場合

おどかされて，やむをえず契約を結んだ場合にも契約を取り消すことができます（96条3項）。条文では，脅迫ではなく「**強迫**」という文言が使われ

ています。「強迫」とは相手に恐怖心を生じさせ、自由な意思決定を妨げることです。たとえば、路上でアンケートに協力下さいと接近し、同意するとそれでは事務所でお答えくださいといわれ、事務所に行くと、恐ろしい雰囲気の中で長時間にわたりおどかして、商品やサービスを購入させるという販売行為を行う事業者があります。このような場合には、強迫による契約として取り消すことができます。

契約の効力

(1) 債権・債務の発生

契約が有効に成立しますと、契約当事者に権利および義務が発生します。たとえば、売買契約であれば、売主は買主に対し物を引き渡す義務があり、同時に買主に対し代金の支払いを請求する権利があります。逆に、買主は売主に対し代金を支払う義務があり、同時に物の引渡しを請求する権利があります。これらの権利を「**債権**」といい、債権を有している者が「**債権者**」です。義務を「**債務**」といい、債務を負っている者を「**債務者**」といいます。ところで権利の行使、義務の履行は信義にしたがい誠実に行わなければなりません（1条2項）。これを「信義誠実の原則」といいます。また権利の濫用は許されません（1条3項）。

(2) 債務の履行の強制

債務者は、債務を契約の本来の趣旨（**債務の本旨**といいます）にしたがって果たさなければなりません。なお債務を果たすことを、債務を履行するといいます。

債務者が債務の本旨にしたがった履行をしない場合には、債権者は、裁判所に訴えて債務者に強制的に義務を履行させることを請求することができます（414条）。裁判所が履行を強制するには、次の三つの方法があります。

① 履行があったと同じ状況をつくりだす方法（**直接強制**）

② 債務の内容が債務者でなくてもできる場合には，債務者に費用を出させて，その行為を第三者に行わせる方法（**代替執行**）
③ 債務を履行しなければ損害金を支払えと命じて，債務者に心理的な圧力を加えて間接的に履行を強制する方法（**間接強制**）

(3) 債務不履行と損害賠償

債務者が債務の本旨にしたがった履行をしないことを「**債務不履行**」といいます。債務不履行により損害を受けた場合には，損害賠償の請求をすることができます（415条）。債務不履行には次の三つの形態があります。

① **履行遅滞**……債務者が，債務の履行をしなければならない時期がきていて，債務を履行することができるのに，債務者の責任で履行しない場合。たとえば，代金支払いの時期がきていて，支払い可能なのに支払いをしない場合。
② **履行不能**……契約が成立した後で，債務者の責任で履行ができなくなった場合。たとえば，債務者の不注意で引き渡すべき物を壊してしまい，代わりの物がない場合。
③ **不完全履行**……一応履行はあったが，債務者の責任で契約の趣旨にそわない不完全な履行である場合。たとえば，数量が足りないとか，約束した品質，等級の物でない場合。この場合には，不足の数量の履行，約束した品質，等級の物の履行など，完全な履行を請求することができます。

なお，債務不履行の場合には，後に述べるように契約の解除を行うこともできます。

(4) 同時履行の抗弁

契約当事者双方が債務を負い，その債務が対価関係にたつ場合，その契約を「**双務契約**」といいます。たとえば，典型契約のうち売買契約，交換契約，賃貸借契約，雇用契約は双務契約です。双務契約の場合，相手が債務を履行

するまでは，自分の債務の履行を拒むことができます。これを**「同時履行の抗弁権」**といいます。これは公平の理念にもとづくものです。要するに，相手に債務の履行を請求するには，まず自分も債務の履行を申し出ることが必要だということです。

ところで，最近はクレジットで物やサービスを割賦で購入することが多くなってきています。販売業者とクレジット会社が別々の会社の場合には，物やサービスは販売会社から購入していますが，月々の支払いはクレジット会社にしています。販売会社が債務を履行しない場合，クレジット会社に対する支払いを停止することはできるでしょうか。きわめて解決が困難な問題です。

そこで割賦販売法は，昭和59年の改正で**「割賦あっせん業者に対する抗弁」**の規定を新たに設けました。そして，クレジットを使って分割払いで物を購入する場合，販売業者に対する苦情が生じた場合には，消費者はクレジット会社に対する支払いを停止することができるようになりました。これを**「支払停止の抗弁」**とか**「抗弁権の接続」**といいます。この点に関しては後に詳しく説明します。

契約関係の解消（解除）

有効に成立した契約の効力を，契約の当事者の一方の意思表示により解消させて，その契約が始めから存在しなかったと同じような効果を生じさせることを**契約の解除**といいます。

契約が解除されると，契約から生じた債権・債務は消滅し，当事者はその履行を請求できなくなります。すでに履行がされているのであれば，その履行は債権・債務が存在しないのに履行されたことになりますので，お互いに返還することになります。

契約の解除が認められるのは，**解除権**が認められている場合です。解除権は，法律で認められている場合と契約で認められている場合があります

消費者からみた契約の枠組み

取引（契約）はプロセスである

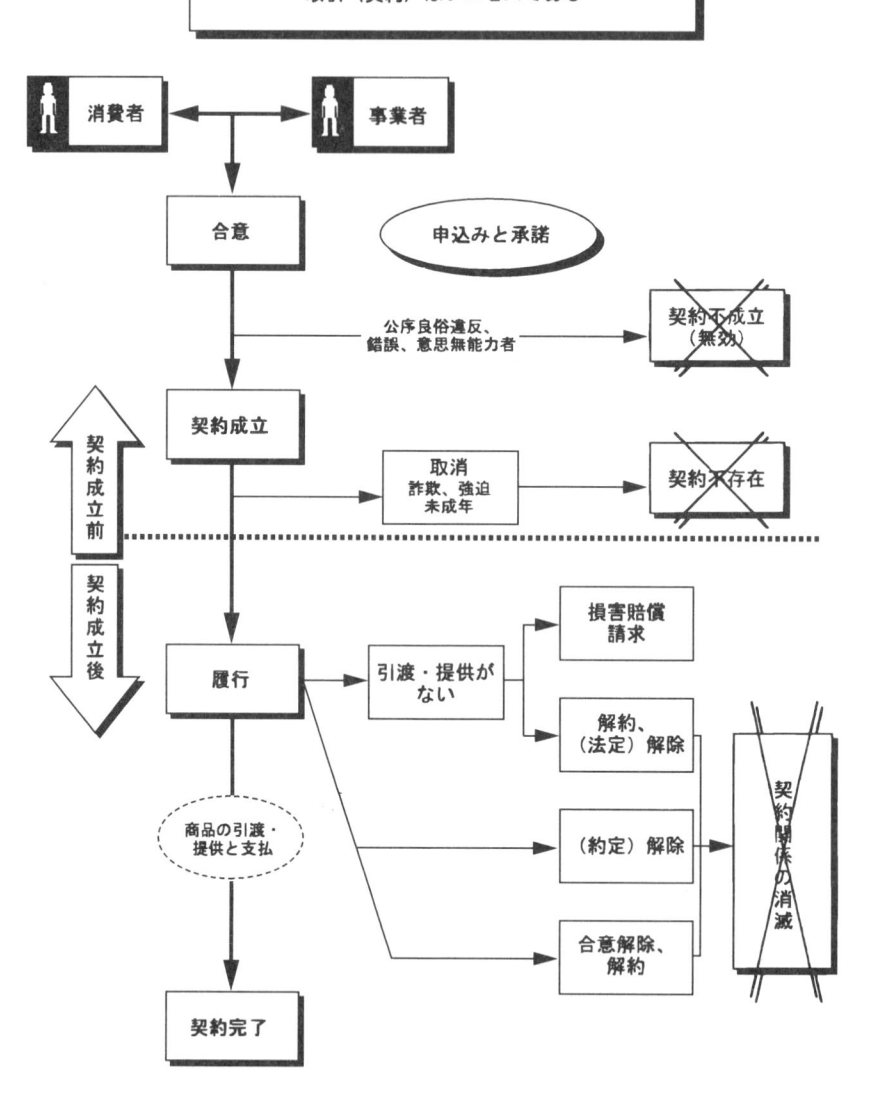

消費者 ⇔ 事業者

↓

合意 —— 申込みと承諾

　　　　公序良俗違反、　　　　　契約不成立
　　　　錯誤、意思無能力者 →　　（無効）

↓

契約成立　　　　　　　　取消　　　　　　　契約不存在
　　　　　　　　　　　詐欺、強迫　→
　　　　　　　　　　　未成年

↑ 契約成立前
↓ 契約成立後

履行　→　引渡・提供が　→　損害賠償請求
　　　　　　ない　　　　→　解約、（法定）解除

　　　　　　　　　　　　→　（約定）解除　→　契約関係の消滅

商品の引渡・
提供と支払　　　　　　　→　合意解除、解約

↓

契約完了

(540条)。前者を「**法定解除権**」,後者を「**約定解除権**」といいます。

❶ 法定解除権

個々の契約について固有の解除権が認められている場合(たとえば,売買契約の場合には562条,563条2項)がありますが,すべての契約に共通した解除権は,債務不履行の場合です。相手に債務不履行があれば契約を解除することができます(541条,543条)。

❷ 約定解除権

契約において,解除権が認められている場合です。たとえば契約書で,「次の場合には契約を解除することができる」と書かれている場合,この条項により「次の場合」に該当すれば解除権が認められ,契約を解除することができます。

法律や契約で解除権が認められていない場合でも,当事者の合意で契約を解除することは自由です。理由のいかんを問いません。これを「**合意解約**」といいます。なお,約定解除,合意解除の場合に,不当に高額の解除(解約)手数料を要求される場合があります。これらは,公序良俗に反して,その条項あるいは合意が無効となる場合があります。

契約の成立から解消までを勉強してきました。この流れを消費者と事業者間の契約を前提として簡単な図にまとめてみました(なお,消費者間の契約,事業者間の契約でも同じ)。この図をみて,勉強してきたことをまとめておきましょう。

今日の消費者取引　1－1
取引の多様化

今日の消費者取引の特徴は、取引の対象、取引の方法、及び支払方法がそれぞれ多様化しているところにある

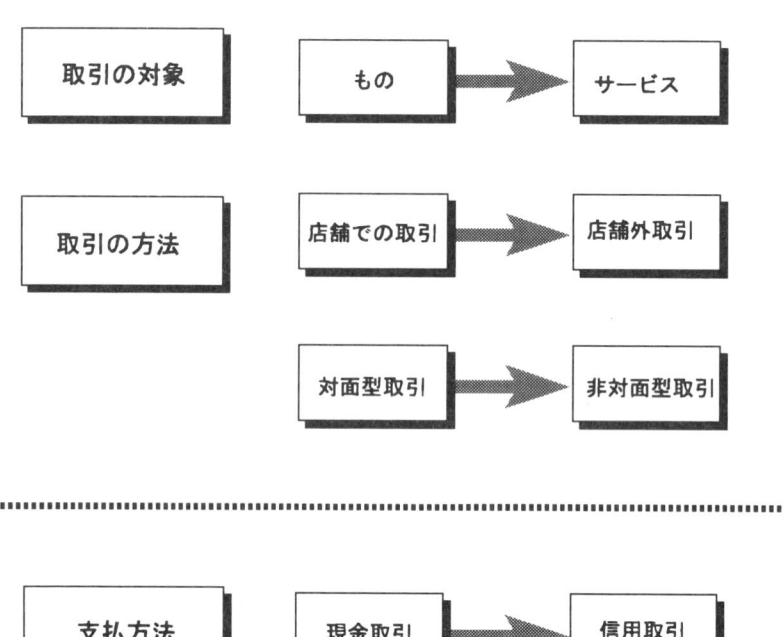

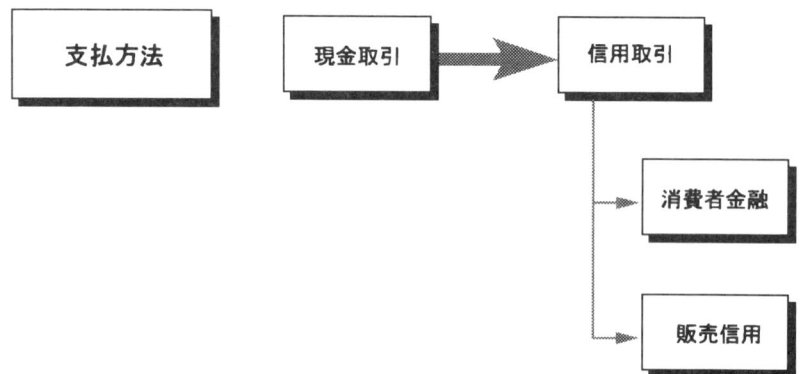

取引の対象　　もの　→　サービス

取引の方法　　店舗での取引　→　店舗外取引

　　　　　　　対面型取引　→　非対面型取引

支払方法　　　現金取引　→　信用取引
　　　　　　　　　　　　　　　├→　消費者金融
　　　　　　　　　　　　　　　└→　販売信用

Ⅲ　社会の変化と取引の多様化・複雑化

取引の多様化

　契約の基礎知識を習得したところで，現在の社会において私たち消費者が事業者と結ぶ契約（これを**消費者契約**といいます）をめぐる問題を学ぶことにしましょう。

　私たちは日常生活をおくる上でさまざまなもの・サービス等を購入します。これらのもの・サービス等を実にさまざまなルートを通じて入手しています。日用品，たとえば衣類を購入する場合を考えてみましょう。デパートあるいは小売店にみずから出向いて買い求める場合もあれば，新聞広告，カタログ，あるいはテレビを見て家から注文し，家に居ながらにして商品を手に入れる場合もあるでしょう。

　これまでの取引は，主として，消費者がもの・サービスを購入するために，小売店やスーパーなどの店舗に直接訪れることによって行われていました（**店舗販売**）。もちろん，こうした取引は現在でも主要な取引手段として利用されています。しかし，昭和40年代ごろから，大量生産・大量販売のシステムが確立されてくるにしたがい，こうした店舗販売のみならず，さまざまな手段を通じた取引が行われるようになってきました。すなわち，店舗外でなされる取引（**無店舗販売**）が台頭し普及してきました。

　一口に店舗外取引といっても，種類はさまざまです。そして，時代とともに多様化しているのが実態です。代表的なものとしては，**訪問販売**，**通信販売**，**ネガティブオプション**，そして**電話勧誘販売**が挙げられます。通信販売の中でも通信手段が多様になり，最近ではインターネットを通じた**電子商取引**が話題になっています。

　このような購入手段・取引方法の多様化は，今日の私たちの消費行動の特

今日の消費者取引　1－2
取引形態の比較

≪具体例≫

取引対象の多様化	＜ものの購入＞パソコンを購入する	＜店舗取引＞パソコンをパソコン・ショップで購入する
取引方法の多様化	＜サービスの購入＞英会話学校の講座を申し込む	＜店舗外取引＞パソコンをインターネットで購入する

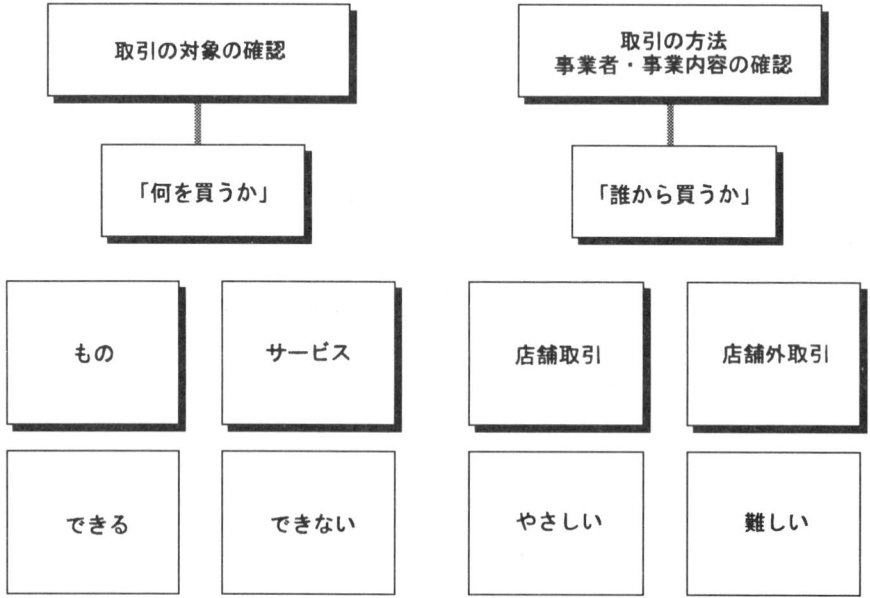

取引の対象の確認	取引の方法　事業者・事業内容の確認
「何を買うか」	「誰から買うか」

もの	サービス	店舗取引	店舗外取引
できる	できない	やさしい	難しい

色となっています。しかし，その反面，従来見られなかった新しい問題が生じて，最近の消費者問題・被害を複雑化させ，あるいは深刻化させる原因となっています。

最近の消費者取引・被害

(1) 最近の消費者取引

店舗外取引の具体的な例を説明する前に，最近の消費者取引・被害の傾向をみて，店舗外取引を利用した悪質商法の影響について考えてみます。

私たちは，日常生活をおくるためにさまざまなもの・サービス等を購入しています。こうした購買行動および消費行動は，それぞれの時代の状況に応じて変化してきました。大量生産・大量販売のシステムが整備されはじめた頃は，多様な「**もの**」の生産が大きな目標となっていました。しかし，時代を経て，ものがあふれ，また人々の暮らしも豊かになるにつれ，人々の関心は「**サービス**」に移ってきました。さらに，女性の社会進出，核家族化の進行，高齢化社会の到来などに伴い，人々の**ライフスタイル**が変化することで，サービスはいっそう多様化し，サービスの取引が拡大する傾向にあります。

日常生活におけるサービス取引を思い浮かべてみると，さまざまなサービスを活用していることが分かります。たとえば，衣類のクリーニング・サービス，結婚式の衣装などのレンタル・サービス，美容・理容サービス，エステティック・サービス，電車・バスなど輸送機関による輸送サービス，家を建てるならば建築・修繕サービス，トランクルームによる保管サービス，家電製品の修理サービス，引越しのための配送サービス，宅配便，パソコンを使った情報サービス，塾・専門学校・各種学校による教育サービス，お年寄りのための福祉サービス，その他にも，スポーツクラブの会員制サービス，電気・水道・ガスの供給サービスなど，生活を送る上で今やサービスの取引は欠かせないものとなっています。

（2） 最近の消費者被害

このような最近の消費行動の傾向を踏まえて，**消費生活相談**，**消費者被害**の動向を見てみましょう。

❶ 相談対象となっているもの・サービス

1998年度の相談に関するデータ（各地の消費者センターより**国民生活センター**に集められた相談件数）を見ると，ものに関する相談件数は204,150件（全相談の50.0％），サービスに関する相談件数は197,541件（同48.4％），その他6,281件（1.5％）となっています。前年比では，商品は1.5ポイントの減少，サービスは1.6ポイントの増加となっています。1988年度から1998年度までを通してみますと，サービスに関する相談が増加し，ものとサービスの差は徐々に縮まっているということができます。

❷ もの・サービスの相談内容

相談内容は，「契約・解約」に関する相談が最も多く，1998年度は，67.8％を占めています。また，「販売方法」に関する相談も40％程を占め，第三位の「品質・機能・役務品質」，第四位の「価格・料金」とともに最近の相談内容の上位を構成しています。

また，「販売方法」，「契約・解約」に関する相談では，訪問販売，通信販売で取引されることの多い「教養娯楽品」，「教養・娯楽サービス」が問題となりやすい傾向にあることが特徴的です。さらに「販売方法」に関しては，30歳未満と60歳以上，つまり若年層と高齢者層の相談割合が高く，「契約・解約」についても学生などの若年層の割合の高さが目を引きます。

❸ 店舗外取引をめぐる相談

1998年度における店舗外取引に関する相談は215,098件あり，全体の半分以上を占めています。店舗外取引の各類型の相談件数に占める割合は，高い順に訪問販売，電話勧誘販売，通信販売，となっています。

また，各取引の対象となるもの・サービスについてみますと，訪問販売では「ふとん類」，「補習用教材」，「新聞」，「電話機類・ファックス」，「電気掃

除機類」が主なものとしてあがっています。電話勧誘販売では「資格講座」が，通信販売では「電話情報サービス」が高い割合を占めています。

　契約当事者の年齢を見ますと，若年層（たとえば，マルチ・マルチまがい取引），および高齢者層（たとえば，訪問販売，SF商法含む）の割合が高く，被害金額も年々上昇する傾向にあります。

　このように，店舗外取引は，近年の消費者取引に大きな影響を与えています。取引対象が多種多様なもの・サービスにわたり，年齢層も幅広く，また被害額の高額化などを背景として，消費者被害を深刻にする危険性をはらんでいます。なお，各地のセンターに寄せられた相談件数は，消費者トラブルの一部です。現実には，潜在的な被害が多数存在することに留意する必要があります。

　以上のように，契約・解約をめぐるトラブルの増加を受けて，**国民生活審議会**（消費者保護に関する基本的事項の調査・審議を行い，内閣総理大臣，関係各大臣に対し意見を述べる機関，消費者保護基本法20条，経済企画庁設置法8条）は**消費者契約法**の立法を提言しました。現在，立法化に向けた作業が行われています。

　同法は，消費者をめぐる取引トラブルに対応するためのルールを作ることを目指しています。契約締結過程における消費者の合理的な意思決定を確保するためのルール，および契約した内容・取引条件が妥当なものとなるよう，これを規律するルールから構成されます。同時に，本法には，これからの社会において取引の場を基礎づけるルールとして機能することが求められています。なお，このルールは具体的には民法のルールを消費者契約に具体化したものということができます。

代表的な店舗外取引

(1) 訪問販売

訪問販売には，消費者の自宅に営業マンが訪れる自宅訪問販売ばかりでな

く，キャッチセールス，アポイントメントセールス，SF商法などといわれる販売方法も含まれます。それぞれの例を見てみましょう。

❶ キャッチセールス

キャッチセールスとは，駅や繁華街の路上でアンケート調査と称して近づき，喫茶店や営業所に連れ込み，商品や役務の売買契約を結ばせるものです。若い女性を相手に，高額な化粧品やエステティックサービスなどを売りつけたりします。

❷ アポイントメントセールス

アポイントメントセールスは，販売が目的ということは伏せて，「あなたが選ばれました」などと電話等で，喫茶店や営業所に呼び出して，不意打ち的にしかも言葉巧みに商品・サービスを販売する商法です。若者相手に，月々の支払金額だけを示したり，今キャンペーン中ですとかいって価格などの取引条件があたかも有利であるかのように見せかけて，会員権やカルチャービデオなどを販売したりします。

❸ SF商法

SF商法とは，別名催眠商法ともいい，閉め切った会場等に人を集め，日用品等をタダ同然で配って雰囲気を盛り上げ，参加者をその名のとおり催眠にかけた状態にして，最終的に高額な商品を売りつけるものです。高齢の女性が，高価なふとん類などを売りつけられたりします。

（2）通 信 販 売

通信販売は，新聞・雑誌・テレビ・ラジオなどを通じて広告し，消費者が，電話・ファクシミリや郵便，預金口座への振り込みなどの通信手段によって注文し，商品が送られてきたり，サービスが受けられたりする販売方法です。カタログを見て化粧品を注文して，代金も払ったのに，いつまでたっても商品が送られてこず，調べると業者が倒産していたというケースがあります。また，「宛名書きで高収入」というチラシにつられて申し込むと，代引き配達で資料を受け取るようにいわれ，料金を払って受け取ると，そこで初めて，

III 社会の変化と取引の多様化・複雑化

宛名を書いた枚数に応じて賃金がもらえるのではなく，業者から通信販売のカタログを購入し，封筒に宛名を書いて発送し，送られた人が掲載されている商品を購入すると，購入に応じた報酬が得られる仕組みであることが分かるというケースも最近問題となっています。

（3） マルチ（まがい）商法

マルチ（まがい）商法とは，**「ねずみ講」**と同様に，次々と人を誘い込んで階層化された組織を拡大していく販売方法です。みずからあるもの・サービスを購入・契約するばかりではなく，自分もまたその買い手を見つけ，買い手を増やすごとにマージンが入ります。自分より下部の会員を増やすほど高額のマージンが見込めるとか，絶対に儲かると言われてシステムに加入しても，実際には無限に会員を増やすことができるわけではなく，いずれ組織は破綻し，大部分の会員が出資金すら回収できず損をすることになります。

（4） ネガティブオプション

ネガティブオプションとは，いわゆる送りつけ商法のことです。注文されていない商品を一方的に送りつけ，消費者が受け取った以上支払義務があると勘違いして払うことを狙った商法です。**代金引換郵便**を悪用するものもあります。注文していない雑誌，新聞を一方的に送りつけて，代金を請求したり，「目の見えない方に盲導犬を贈るため」と称してものを買わせるものなどがあります。

（5） 電話勧誘販売

電話勧誘販売とは，たとえば職場に電話をしてきて長時間にわたって勧誘し，消費者は電話を早く切りたい一心で適当に相づちを打つと，その返事を利用して契約をしたことにされてしまうものです。この例のように業者からの一方的な電話により，契約の勧誘を受け，契約させられるものです。最近被害が激増している販売方法です。**平成8年の訪問販売法改正**で規制対象に

訪問販売法の内容

		対象				
		訪問販売	電話勧誘販売	連鎖販売取引	通信販売	ネガティブ・オプション
取引の方式に関するルール	事業者氏名等の明示	○	○			
	書面交付	○	○	○		
	承諾等の通知		○		○	
勧誘方法に関するルール	重要事項の不実告知の禁止	○	○	○		
	重要事項の故意の不告知の禁止			○		
	再勧誘の禁止		○			
	威迫・困惑の禁止	○	○	○		
取引条件に関するルール	クーリング・オフ	○	○	○		
	中途解約における損害賠償・違約金の上限	○	○			
広告に関する規制				○	○	
送り付けられた商品の返還に関する規制						○

※該当する規定がある場合は○、該当する規定がない場合は空欄となっています。

加えられました。

以上が代表的な店舗外取引です。この他にも多種多様な販売手口が見られます。さらに，1人の消費者が標的にされ，強引に複数の契約を締結させられ，多額の支払いを抱え込まされ，支払困難に陥ったという**多重被害**もここ2〜3年の傾向として指摘されています。

店舗外販売の方法がすべて悪いというのではありません。適正な取引がなされれば，消費者にとっても便利で利益にもなります。しかし店舗外取引は実際には，それぞれの例に見られるように消費者に被害をもたらす危険性を少なからずはらんでいます。では，どのような点に問題があるのでしょうか。

（6） 店舗外取引の問題点

契約の当事者である消費者は，だれと，どのような内容の契約をするかについて，みずから判断し，契約を行うものであることは契約の基礎ですでに学びました。ところが，上述の販売方法は，消費者に不意打ちをかけるものであったり（キャッチセールス，アポイントメントセールス，電話勧誘販売），正常な判断力を奪うやり方で契約を行わせたり（SF商法）する点で問題があります。また，電話あるいは広告等の通信手段による場合，取引を決める際に重要な情報が十分に提供されずに契約をし，それらを入手した後で，もの・サービスに不満を抱くことが多くあります。さらに，代表的な販売方法は高齢者や若者をターゲットにして契約の勧誘をするものが多く，販売意図を告げなかったり，重要な情報を提供しなかったりして，適切な判断が下せない状況下で契約を締結させ，被害（とりわけ高額被害）に巻き込むといった事例が見られます。また，高齢者の弱みにつけ込むこともあります。**豊田商事事件**がその代表的事例です。

このような販売方法は消費者の合理的な判断，自由な意思形成を歪める行為です。これらが，新たな，そして深刻な消費者問題を生みだしています。それでは，これらの販売方法に対する規制はどうなっているのでしょうか。それを次に述べましょう。

第2章 市民社会における経済生活と法

Ⅳ 訪問販売等に関する法律

　訪問販売をはじめとするさまざまな店舗外取引により，消費者被害が急増し，社会問題化したことを背景として，これらを規制する法律が1976年（昭51）に制定されました。「訪問販売等に関する法律」（以下**「訪販法」**という）です。この法律では，訪問販売・通信販売・連鎖販売取引（マルチ商法）・ネガティブオプションを適正化するための規定を設けました。

　その後，サービス取引被害が増加し，アポイントメントセールスあるいはキャッチセールスなどの悪質商法が次々と出てきたため，1988年（昭63）に大幅な改正をし，アポイントメントセールス，キャッチセールス，SF商法などを規制の対象に含め，もののみならず，サービス取引も適用対象としました。

　1996年（平8）には，近年消費者被害の急増している電話勧誘販売を規制の対象に含め，またマルチ商法の規制も強化する改正をしました。さらに1999年（平11）には，エステティック・サロン，外国語会話教室，学習塾，および家庭教師派遣といったいわゆる「継続的役務取引」における消費者トラブルの増加に対応するため，これらのサービスを提供する業者が新たな規制対象に加えられました。

規制の枠組み

（1）訪問販売

　訪問販売では，業者が不意打ちをかけて，もの・サービスに関する知識の充分でない消費者を強引に勧誘し，契約を締結させることが問題となります。したがって，こうした勧誘による契約によって消費者が被害を受けないよう事業者に対する規制が行われています。訪販法が適用される「訪問販売」と

は，指定された商品・権利・役務を「店舗以外の場所」で取引する販売方法です。このなかには，いわゆる自宅訪問販売のみならず，キャッチセールス，アポイントメントセールス，SF商法も含まれます。

　通常，契約を行う場合には，私たちはだれと，どのようなもの・サービスを，どのような価格，支払条件で契約するかについてあらかじめ考えますね。訪問販売の場合は，予期せぬ相手から契約の勧誘・申込を受けることになりますので，勧誘する側がまず，事業者の氏名・名称，販売しようとするもの・サービスについて相手側に告げることが求められます。ですから，「アンケートに協力してください。」（キャッチセールス）とか，「あなたが選ばれました」（アポイントメントセールス）といって，あるいは「点検に来ました」といって白アリ駆除サービスを売りつける（点検商法）といったように販売の目的を隠して勧誘することは許されません。

　また，訪問販売では，取引条件についても，内容が不明確であったり，重要な内容が知らされなかったりすることが，トラブルの原因となりやすいため，一定の事項（価格，数量，支払条件，クーリング・オフに関する事項など）を記載した書面を契約の相手側に交付することが定められています。書面を交付しない場合，あるいは虚偽の記載がなされた場合には，事業者は50万円以下の罰金に処せられます。しかし，書面の交付は契約の成立の条件ではありません。

　さて，業者の申込みに対して，消費者がこれに承諾をし，書面の交付が行われたとしましょう。しかし，もの・サービスを購入する意思がはっきりしないままに結んだ契約であれば，消費者が後日考え直して契約をやめたい，代金を支払いたくないといった事態になることは十分に考えられます。そこで，一定の期間消費者に頭を冷やして考え直す猶予を与えようというのが「クーリング・オフ」の制度です。消費者は，契約の申込日，締結日を含む8日以内であれば，また，3,000円以上の代金総額で指定されたもの・サービスであることなど一定の要件に該当すれば，書面で通知することによって契約をやめることができます。このとき，業者は損害賠償・違約金の支払い

を求めることはできません。なお，継続的に提供されるサービスについては，5万円をこえるものが対象となります。

また，クーリング・オフによらないで契約を解除する場合（合意解約）もありますが，消費者の代金支払いが遅れているなどの理由で，書面をたてに法外な損害賠償・違約金を請求してくるケースがあります。そこで，この法律では，トラブルが拡大しないよう一定の限度額を定めています。

このように訪販法は，事業者主導で行われがちな訪問販売取引の適正化を図るものです。さらに，事業者は一定の行為を禁じられ，これに違反した場合には罰則が適用されます（平成11年改正により罰則が強化され，2年以下の懲役または300万円以下の罰金が科されます）。禁止されるのは，

① 契約の勧誘時やクーリング・オフの行使を妨げるために，契約の重要な事項につき**不実のことを告げる**ことと，
② 契約を締結させるため，または解約を妨げるため消費者を**威迫して困惑させる**ことです。

このほかにも，上記の義務を守らない場合，あるいは，契約する意思がないと伝えているにもかかわらず，強引に勧誘を行った場合，また老人やその他の者の判断力の不足につけ込んで契約を締結させた場合などには，業務停止が命じられます。

（2） 通信販売

通信販売は，家に居ながらにして，国内ばかりではなく海外からも手軽にもの・サービスを購入できる点がうけて近年急速に成長しています。しかし，店頭で商品をじっくり比較・検討したり，業者からサービスについて詳しく説明を受けたりするプロセスを経ないで，雑誌・カタログなどの広告を見て申込みをするため，もの・サービスが届いたあとで期待通りの品質・性能を有していない場合に，消費者が不満を感じることがあるのも事実です。また，電話や郵便，金融機関を通じて，申込みあるいは代金の振込みを行うため，業者との連絡がうまくとれずトラブルになることもあります。たとえば，申

込金を払ったのに商品が届かないとか，品質に関するクレームをつけようとしても，業者が倒産して連絡が取れないことがあったり，アフターケアが十分に望めないこともあります。そこで訪販法は，通信販売の申込み・契約にとって重要な情報源となる広告についての規制を中心にしています。

通信販売に関する規定も訪問販売と同一の指定されたもの・サービス・権利について適用されます。なお，電話勧誘販売は通信販売には含まれていません。

通信販売では，契約の申込みは広告を通じて行われます。そこで，消費者にとって情報として提供されるべき一定の事項を表示することが事業者に義務づけられます。たとえば，価格，送料，支払方法，商品の引渡時期などです。また，訪問販売と異なって，基本的にクーリング・オフが認められていないので，返品条件に関しては，返品不可の場合は必ず表示すること，また返品可の場合は，返品が認められる期間，また送料負担の有無を表示することが求められます。

また，消費者が契約するかどうか検討する際に広告が重要な情報源となることから，商品の性能，サービスの内容について，あるいは返品特約に関して，著しく事実に相違する表示をしたり，実際のものよりも著しく優良・有利であると人に誤認させるような表示をすることは禁じられています。写真・広告で，あたかも他の同じような商品に比べて品質のわりには価格が安いかのように見せかけて，実際手にしてみるとかなりのギャップがあったとか，その講座を受講すると難関の国家資格がさも簡単に取得できるかのようにみせかけるといったやり方は，消費者の判断を誤らせるため，許されません。

通信販売では，消費者が商品を受け取った後で支払いをするばかりでなく，まず全部または一部の代金を消費者が払い込み，これを受け取った段階で業者がもの・サービスを提供するという方法をとることがあります。これを**「前払式通信販売」**と言います。消費者は，もの・サービスが提供されることを期待して代金を払い込むわけですが，広告の範囲でしか業者を知ることができない場合，代金を払ったものの，はたして商品が送られてくるかどう

か不安に感じることもあるでしょう。実際，業者による代金の持ち逃げというケースもあります。そこで，同法では，代金を受領したらできるだけ早く書面を交付して，申込みを受けるか否か，あるいは代金を受領した旨を消費者に通知することを義務づけています。

通信販売では，先ほども述べましたように返品制度が法律上認められていません。したがって，返品を認めるかどうかは業者によって異なります。訪問販売では，業者の一方的な勧誘に乗せられて契約を結ばされるという状況が見られるため，返品制度が認められます。これに対して，通信販売では，広告における表示が虚偽のものである可能性があるにせよ，消費者みずから判断して申し込むというのが建て前であることから，返品制度が認められていないのだと思われます。したがって，消費者は，申込みをする際には，より慎重な態度で望むことが求められます。

なお，訪問販売と同様に業務停止が命じられることもあります。

（3） 連鎖販売取引（マルチ・マルチまがい商法）

マルチ（まがい）商法は，ねずみ講に商品流通の要素を加えたものといわれます。ねずみ講は「無限連鎖講の防止に関する法律（無限連鎖講防止法）」により全面的に禁じられています。一方，マルチ（まがい）商法は，全面的に禁止するかたちをとらず，一定の要件に該当する商法をマルチ（まがい）商法として規制する方法をとっています。

マルチ商法は時代により変化を見せており，消費者被害が後を絶ちません。マルチ商法の手口も徐々に巧妙になってきています。初期のマルチは，ねずみ講にかぎりなく近いものでしたが，そのうち会員は商品の販売元（主宰者）に高額の加盟料を払うばかりでなく，自分より下位の会員に商品を販売するために多額の商品を購入することを義務づけるマルチ商法がでてきました。これに規制がかけられるようになると，今度は商品を購入する人を会の主催者に紹介すれば収入を得られ，みずからは売主になることはないという紹介・あっせん型のマルチ商法が出てきて法の網をくぐりぬけたのです。い

わゆるマルチ（まがい）商法です。

　マルチ（まがい）商法に対しては，訪問販売のように指定された商品・サービス・権利を規制する制度をとっていないため，あらゆるもの・サービス・権利の取引に適用されます。また，利益が得られることをもって勧誘し，名目は何であれ，組織加入のために2万円以上のもの・サービス購入などの負担が求められる取引が規制されます。

　規制対象となるものは，従来は取引の「**統括者**」と「**勧誘者**」だけでしたが，今回の改正で，「**一般会員**」も適用対象に加えられました。これは，一般会員が収入を増やすために，欺瞞的あるいは攻撃的な勧誘を行うことが多いという実態にあわせたためです。

　また，「統括者」，「勧誘者」ならびに「一般会員」は，契約の勧誘を行うため，または契約の解除を妨げるために，一定の重要事項につき故意に事実を告げなかったり（一般会員は禁じられていない），不実のことを告げたりすることが禁じられています。また，契約をしたり，勧誘，契約解除を妨げるために，勧誘する相手を威迫・困惑させることも禁じられています。これに違反した場合，罰則の適用があります。重要な事実を告げないことは，「組織はいずれ破綻し，大部分の会員は損をする」ことを告げないこととされ，不実のことを告げるとは「絶対にもうかる」などと説明することをさします。

　マルチ商法に対しては，契約を結んだ個人には従来14日間のクーリング・オフ期間が認められていましたが，今回の改正では20日間に延長されました。書面を受領した日が起算日となります。

　マルチ商法は，訪問販売・通信販売ほど相談件数は多くないもの，高額被害をもたらす危険性をはらんでいる販売方法といえます。消費者の側も入会の勧誘を受けた場合，慎重に対応する態度が求められます。また，いったん入会すれば，みずからも勧誘活動を行う立場となり，みずからの利益をあげるため，相手にウソをついて勧誘する，つまり加害者になる可能性があることも知っておく必要があるでしょう。

第2章　市民社会における経済生活と法

(4) 電話勧誘取引

　職場や自宅で忙しくしている時に突然電話が鳴り，何かと思えばもの・サービスの販売・提供の勧誘だったということは，皆さんの日常生活でよくあることではないかと思います。どこで電話番号を調べたのか，だれだか分からない相手から不意打ちをかけるように電話をしてきて，もの・サービスなどの情報を十分に提供せず，欺瞞的に契約の勧誘を行う，あるいは，長時間にわたり勧誘されて電話を切りたいがためにうやむやな返事をしたら契約したことにされて商品が送りつけられたなどというこの販売方法は，近年消費者被害を急増させています。

　これまで，電話勧誘取引は，訪販法の適用対象とはなっていませんでした。しかし，被害がふえてくるにつれ，訪問販売に含まれず，通信販売に分類されるとしても，そこでは十分な規制が期待できないことから，新たな規制を設けることが要請されました。そこで，平成8年に改正を行ない規制することとなりました。

　電話勧誘販売とは，もの・サービスの販売・提供業者が，電話勧誘行為（電話をかけて勧誘を行うこと）により，勧誘の相手方から郵便等により申込みを受けたり，郵便等により契約を締結して行うもの・サービスの販売・提供をさします。電話勧誘を受け，そのまま契約を締結する場合から，後日郵便やファクシミリで意思表示をする場合も含まれます。訪問販売・通信販売と同様，指定されたもの・サービス・権利について適用されます。

　電話勧誘販売においても，訪問販売と同じように，勧誘するときには，業者の名称，勧誘を行う者の氏名，販売するもの・サービスの種類，ならびに勧誘目的であることを告げなければなりません。

　次に，契約を締結しない旨の意思表示をした者に対して勧誘することが禁じられています。勧誘する相手が勧誘を拒絶した場合，電話を切ることなく勧誘を続けることや，いったん電話を切って再度かけなおすことも禁止されます。これは，電話をかけてくること自体が迷惑であるとの考え方にもとづいています。

IV 訪問販売等に関する法律

　電話勧誘販売により，事業者が契約の申込みを受けたり，契約を締結したときには，もの・サービスの価格，支払い，クーリング・オフに関する条件等一定の事項につき記載した書面を消費者に交付しなくてはなりません。書面の受領日から起算して8日以内であれば，クーリング・オフをすることができます。これに違反した場合には刑事罰が科されます。

　また，代金の前払いを受けた場合は，できるだけ早く申込みを承諾するか否かについて書面により消費者に通知することが定められています。通信販売と同様の規定です。これに違反すると罰金が科せられます。

　さらに，訪問販売と同様，一定の行為が禁じられています。ひとつは，電話勧誘に際し，またはクーリング・オフを妨げるために，勧誘される側の判断に重要な影響を及ぼす事項につき不実のことを告げることです。もうひとつは，契約を締結させ，クーリング・オフを妨げるために，人を威迫・困惑させることです。違反すると刑事罰（1年以下の懲役または100万円以下の罰金）に処せられます。

　行政措置，損害賠償の限度額についても訪問販売に対すると同様の規定が設けられています。

（5）ネガティブ・オプション

　申し込んでもいない商品が送られてきた，あるいは申し込んだ商品と一緒に，申し込んでいない商品が送られてきたということがネガティブ・オプションにあたります。商品を送りつける行為は契約の申込みにあたり，それだけでは契約は成立しません。したがって，支払義務も生じません。商品が送られてきた日から数えて14日たてば，事業者はもはや商品の返還を求めることはできません。消費者は自由に処分することができます。また，消費者が事業者に対し，引取りを請求すれば，それの日から数えて7日たてば，自由に処分することができます。

　この規定は，サービスにも適用されます。ただし，送られてきた商品を使用した場合には，支払義務が生じることに注意する必要があります。

支払方法の多様化

クレジットカードで商品を購入する場合の契約関係
（割賦購入あっせん）

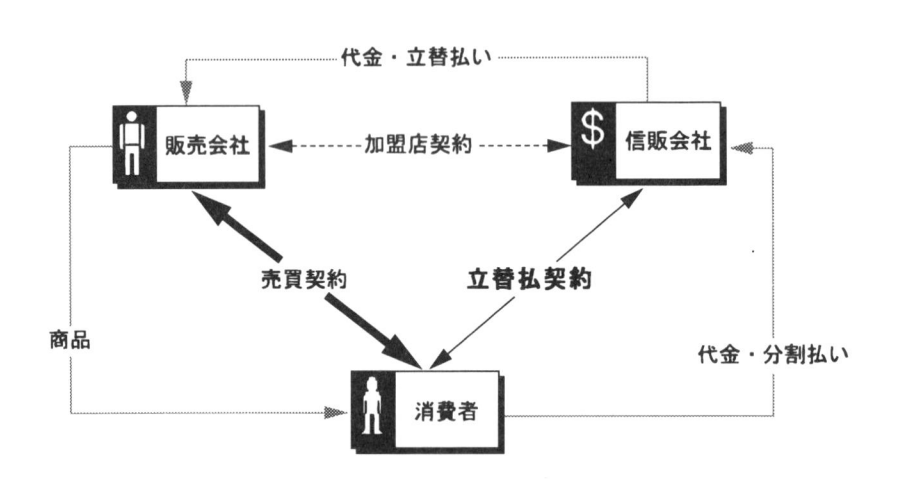

販売会社 ←----- 加盟店契約 -----→ 信販会社

販売会社 → 代金・立替払い

売買契約（販売会社 ⇔ 消費者）

立替払契約（信販会社 ⇔ 消費者）

商品（販売会社 → 消費者）

代金・分割払い（消費者 → 信販会社）

V　消費者信用と割賦販売法

　現在の私たちの生活で，もの・サービスの購入をするときに，どのような支払手段が考えられるでしょうか。手持ちのお金があるときだけしか購入しないとか，高額の買物をするときにはまずお金を貯めて，それから購入するという人もいるでしょう。一方，現在手持ちのお金がなくても，将来の収入を見越して購入する人もいることと思います。たとえば，デパートで買物をするときやレストランで食事をする場合に，カードを使うとか，家を建てたりマンションを購入するときに，銀行から融資を受けて購入するとか，あるいは，車を買うときに分割払いで購入することもあるでしょう。また，給料前でお金がないときにちょっと借りるために，消費者金融のキャッシングを利用することもあるかもしれません。このように，カードを使って決済する，お金を借りるといったことは契約上どのような意味をもつかについて考えてみましょう。

　消費者がもの・サービスを代金後払いで購入したり，金銭を借りて返済を一定期間猶予してもらうことを「消費者信用（コンシューマー・クレジット）」といいます。「信用」=「**クレジット**」のことです。消費者信用のなかでも，商品・サービスの購入に関するクレジットを「**販売信用**」と言い，お金の借入れに関するクレジットを「**消費者金融**」と言います。消費者金融と言うと聞き慣れない人もいるかもしれませんが，「**サラ金**」とか，「**ローン**」，「**キャッシング**」といえばピンとくるでしょう。消費者金融は「**貸金業の規制等に関する法律**」（**貸金業法**）によって規制がなされています。ここでは「販売信用」を中心に説明します。

割賦販売法　適用対象となる取引

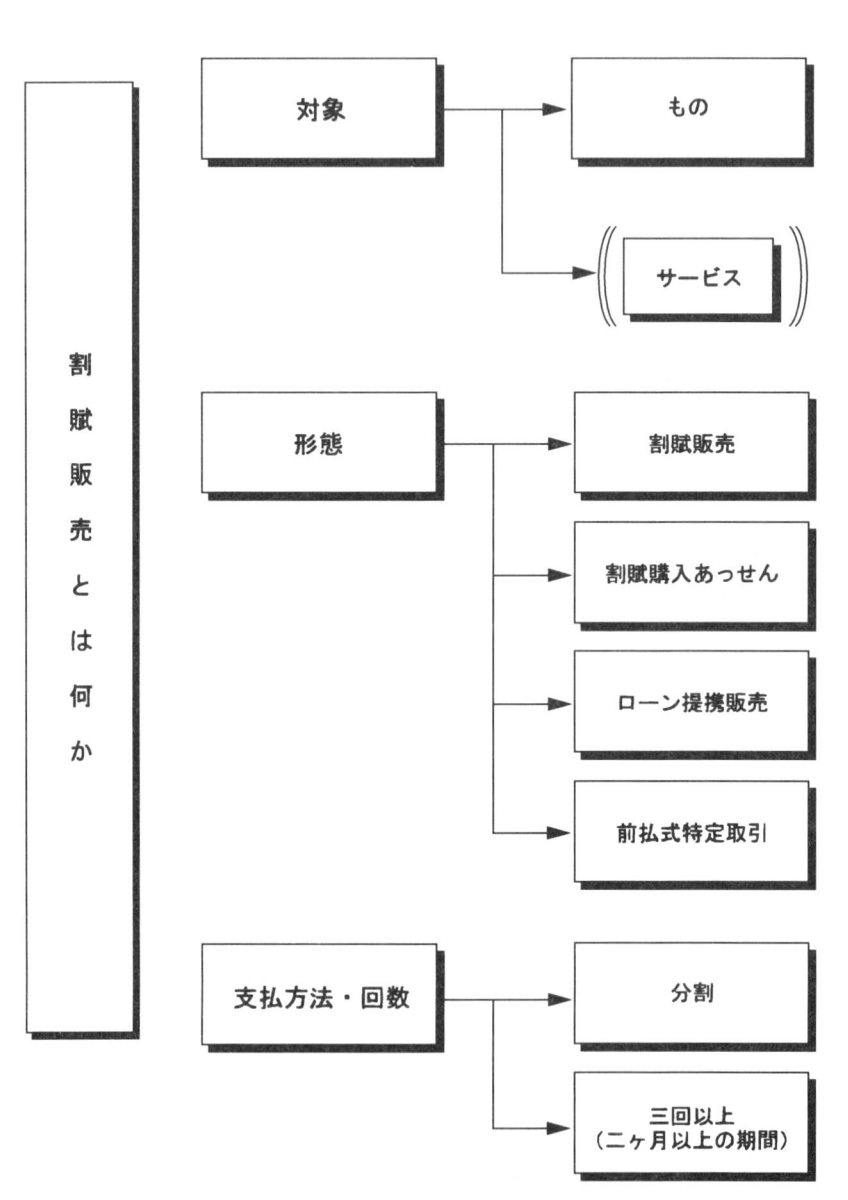

割賦販売とは何か

- 対象
  - もの
  - サービス
- 形態
  - 割賦販売
  - 割賦購入あっせん
  - ローン提携販売
  - 前払式特定取引
- 支払方法・回数
  - 分割
  - 三回以上（二ヶ月以上の期間）

消費者信用と消費者被害

　消費者信用の普及は，私たちの生活にどのような影響をもたらしているでしょうか。手持ちのお金がなくても，生活に支障を与えない点では，私たちの生活にとって便利なものであるということはいえます。また，こうした手段によって，高額のもの・サービスに手が届くという意味では，私たちの生活をより豊かにしてくれるかもしれません。

　しかし，消費者に利益だけをもたらすのではありません。カードが比較的簡単に手に入ると，何枚もカードを作ってもの・サービスを購入してしまうことがあります。しかし消費者信用はしょせん借金です。借りたお金は返さなければなりません。カードを使って，自分の支払能力をはるかに超える買い物をしてしまい，生活自体が立ちゆかなくなってしまったとか，サラ金でちょっとのつもりでお金を借りたが最後，借金を返すためにまた別のサラ金で借金を繰り返し借金地獄に陥る，いわゆる**多重債務**も現実には起こっているのです。

　実際の消費者被害をみると，消費者信用のトラブルと悪質商法のトラブルが重なって起こる場合もあります。悪質業者の勧誘につられて，高額の商品を購入し，支払手段として，信販会社のクレジットを利用することにした場合を考えてみましょう。契約が成立したにもかかわらず，いつまでも商品は送られてこず，いつの間にか業者は倒産していたという場合，商品を受け取ることはできないのに，信販会社からは代金請求を受けることになるかもしれません。また，最近の消費者被害では，1人の消費者が，資格講座，リゾート会員権，宝石など多数の購入契約を結ばされ，しかもクレジットのみならず，サラ金あるいは自社の割賦制度の利用を勧められたというケースもあり，多重被害として問題になっています。

　このように分割払い・後払いができるといっても，個人の支払能力には限界があります。業者には，個人の支払能力を超える割賦購入を勧めることは

法律で禁じられていますが，さまざまな業者が存在している以上，被害を防ぐには，まず消費者みずからが自分の経済力を把握して，購入するかどうかを考えることが必要です。

消費者信用（販売信用）の形態と仕組み

ここでは，代表的な消費者信用の形態について説明するとともに，クレジットの仕組みを説明します。

（1） 割賦販売
いわゆる自社割賦，すなわち販売業者が消費者との売買契約において代金の支払いを分割払いとすることを認めるものです。

（2） 割賦購入あっせん
自社割賦と異なり，消費者が販売会社から商品を購入し，信販会社等が消費者に代わって販売会社に対して商品代金を一括して支払い，後日，消費者は信販会社等に対して手数料を加算した金額を分割で支払うものです。

商品やサービスを購入する毎にクレジットを組むものを「**個別割賦購入あっせん**」と言います。いわゆる「**クレジット契約**」とか，「**立替払契約**」と呼ばれる取引です。

また，「**クレジットカード**」によるものを「**総合割賦購入あっせん**」と言います。クレジットカードの場合，購入のたびにクレジットを組むのではなく，カードを提示することで，継続的に代金後払いでもの・サービスを購入することができます。

支払い方法には，一括方式（翌月一括支払方式），分割払方式，ボーナス払い等があります。ただ最近では，**リボルビング払い**という方式が普及しつつあります。これは，クレジット残高に対して，毎月「5,000円」とか，「残高の5％」というように，毎月のカード購入総額に対して返済額が決まる点

が特徴です。

（3） ローン提携販売

消費者が，販売店と提携している金融機関から，購入代金を分割して返済することを条件に，商品の代金相当額を借り入れ，その借入れについて販売店が保証するものです。保証するとは，消費者が，借入金を返済しないときは，販売店が金融機関に返済し，消費者には，販売店が請求することを意味します。

（4） 前払式特定取引

商品などの引渡しに先立って，代金の全部あるいは一部を分割で支払う取引のことです。デパートの「友の会」，「冠婚葬祭互助会」などの取引がこれにあたります。

それでは次に図を参照しながら，「個別割賦購入」あっせんの仕組みを見てみましょう。いわゆる立替払契約の契約関係は，**三面的契約**と言われます。契約の当事者が三者（販売業者，信販会社，消費者）いて，各当事者間で三つの契約が結ばれているからです。消費者は販売会社と「売買契約」を結ぶと同時に，販売会社があらかじめ「加盟店契約」を結んでいる信販会社と「立替払契約」を結ぶのです。

さらに，この契約関係を流れに沿って詳しく見ると，次のようになります。
① もの・サービスを購入する時に消費者が売買契約と立替払契約の申込書にサインをします。
② 申込書を受け取った販売会社が，申込みのあったことを信販会社に伝えます。そして信用調査を依頼します。
③ 信販会社は，消費者の信用調査をします。
④ 信販会社が電話で消費者に確認します（申込者の存在の確認，契約の意思確認）。

割賦販売法の内容

I 取引の方式に関するルール → 書面の交付

II 取引条件に関するルール

1 店舗外取引 → クーリング・オフ

2 割賦金の支払期限に遅れた場合 → 書面による支払い催促

3 消費者の都合による契約の解除 → 損害賠償・違約金・損害遅延金の上限

4 割賦金の支払を怠った場合 → 損害賠償・違約金・損害遅延金の上限

5 支払停止の抗弁 → 抗弁権の接続

⑤ 確認ができると，信販会社が販売会社に承諾の通知を出します（承諾の通知とともに立替金の支払いをすることも多い）。
⑥ 販売会社から消費者に商品が引き渡されます。
⑦ 信販会社が販売会社に立替払いをします。
⑧ 消費者は信販会社に割賦金を支払うことになります。

　この契約のプロセスにおいて，問題が起こりやすいのは，実際にはこのような複雑な過程により契約が成り立っているにもかかわらず，消費者が契約を交わす場面に信販会社等が立ち会わないことが多いためです。また信販会社の電話確認が適切に行われなかったり，信販会社から販売会社にいつ立替金が支払われたのか分からないことが通常の取引では多いのです。そのため，消費者は，クレジット契約を締結したという自覚が薄く，商品の引渡を受けていないのに信販会社から割賦金（立替金）の支払を請求されたとか，分割払いの手数料が意外に高いことに後で気がつくといったトラブルが生じる原因ともなっているのです。

割賦販売法

　これまでに見てきたような各種クレジット契約の適正化を図るために定められているのが割賦販売法です。この法律は，割賦販売の要件に該当するもののうち，一定の指定された商品（指定商品）について適用されます。すなわち，指定商品について，代金を2ヵ月以上の期間にわたり，3回以上の分割払いで支払う場合に，この法律の規制を受けます。
　翌月一括払い，ボーナス払いには適用されません。従来，適用対象は，「物」に限定されていました。しかし，1999年（平11）の法改正により，エステティックサロン，外国語会話教室など4業種が新たに指定を受け，「サービス」にも同法の適用が拡大されることになりました。
　割賦販売法において，規制の対象とされる消費者信用取引は，割賦販売，ローン提携販売，割賦購入あっせん，前払式特定取引です。それぞれの取引

第2章　市民社会における経済生活と法

方法に該当するものについて規制が行われます。

ここでは，先ほど契約の仕組みを学んだ「割賦購入あっせん」，とくに個品割賦購入あっせんの規制について見てみましょう。

「個品割賦購入あっせん」に該当するためには，次の要件を満たさなくてはなりません。すなわち，①カードを用いることなく，業者（クレジット会社と提携している業者）が消費者へ商品の販売をし，②その代金の全部または一部に相当する金額を，クレジット会社から販売業者に交付し，③消費者から2ヵ月以上の期間にわたり，3回以上に分割して当該金額をクレジット会社が受領する場合が「個品割賦購入あっせん」に当てはまります。なお，平成11年改正により，金銭消費貸借を利用した割賦購入あっせんにも同法の適用がある旨の規定が設けられました。

次に規制内容を見てみましょう。まず，事業者は，消費者が現金払いか，それとも分割払いかを選択するときに，自分に有利な支払方法を選択できるよう，取引条件を表示することが求められます。このとき表示する事項は，現金販売価格，支払総額（割賦販売価格），支払期間・回数，手数料の料率（実質年率）などです。

消費者が割賦販売を選択した場合，現金払いに比べて，取引条件が複雑で，また支払時期などによっては契約が長期にわたるため，契約書面を交付するよう義務づけられています。この書面には，支払総額，支払期間・回数などを記載することになっています。表示をしなかったり，書面を交付しない場合には10万円以下の罰金が科されます。しかし，書面の交付は契約の成立要件ではありません。

また，消費者が，店舗外で購入取引をした場合には，一定の要件のもと，クーリング・オフが認められます。たとえば，通信販売でアクセサリーを購入するときに，分割払いを選択するケースがこれに該当します。クーリング・オフが認められるのは，分割払いであると高価な商品でも安易に契約しがちな消費者に，考え直す猶予を与えるためです。

指定商品について，契約書面が交付された日から数えて8日以内であれば

V 消費者信用と割賦販売法

クーリング・オフを行使することができます。ただし，指定商品でも，クーリング・オフができなかったり，一部または全部を費消してしまうと，もはや行使できなくなるものがある点には注意が必要です。

さて，契約が成立して，消費者は分割払いを順調に行っているとしましょう。ところが，支払期間が長期にわたり，うっかり一回だけ支払いを忘れてしまったり，1円足りないという理由で銀行口座からの引き落としができなかった場合にどういうことになるでしょう。このような一回のミスだけで，残額の一括払いを迫られたり，契約解除を申し入れられて商品の返還を請求されるとしたら，消費者にとってあまりにも酷な話です。

そこで，信販会社等は，消費者の割賦金に支払いが期限に遅れている場合には，20日以上の相当な期間を定めて，書面でその支払いを催促して，それでも支払いがなされないときには契約の解除や残額の一括払請求ができることが定められています。これに反する特約は無効となります。この規定に違反した場合にも罰則の適用があります。

また，消費者の都合で，契約が解除された場合，あるいは，契約は解除されないが，支払いを怠ったため残額の一括払いを請求された場合に，業者は損害賠償・違約金あるいは損害遅延金を請求してきます。これまでに法外な損害賠償・違約金あるいは損害遅延金を請求するといったトラブルが見られましたが，現在は法律上制限が設けられています。

これらは，個品割賦購入あっせん取引を適正なものとするための規定ですが，この他にも信販会社等は，信用情報機関を利用して得た正確な情報にもとづいて，消費者の支払能力を超える与信を行わないよう努めることが求められています。

今日の消費者被害では多重債務が増加しており，こうした規定がうまく活用されることが望まれるわけですが，現実はそのようにはなっていません。

このように，複雑な契約を適正なものとするために規制が行われているわけですが，複雑な契約関係であるために生じる問題があります。支払停止の抗弁に関する問題です。すでに学んだように通常の契約では，消費者が，詐

欺や脅迫により契約した場合には，その契約を取り消して支払いを拒否したり，また，引渡期限を過ぎても販売業者から商品を引き渡されなかった場合には，引渡しが行われないことを理由に支払いを拒むことができましたね。ところが，割賦購入あっせん契約は三者間で行われるため，販売業者から商品を受け取っていないのに，すでに立替払いは完了していて，信販会社から支払いを請求されるケースもでてきました。このとき，消費者は分割払金を支払わなくてはならないのでしょうか。

　以前の割賦販売法にはこれに対する定めがありませんでしたが，事件が多発し，訴訟にもなり，昭和59年の割賦販売法改正によって，このような場合に消費者は，一定の要件のもとに信販会社に対して支払いを停止できるようになりました。これを「**抗弁権の接続**」といいます。

　支払いの停止を主張するためには，個品割賦購入あっせんで，割賦販売価格が4万円以上（ただしリボルビング払いの場合は現金販売価格が3万8,000円以上）であること，また購入者がみずから消費する場合に限られます。

　ただし，支払いは拒否できるものの，すでに支払った分割払金については返還を請求することはできません。消費者からのクレームが解決されるまでの暫定的な措置と位置づけられているためです。解決されれば，支払いを続けることになりますし，契約が解除されれば支払いはストップするわけです。

　このように，抗弁権の接続は，消費者の被害を広げないことに意義が認められますが，サービス取引や，翌月一括払いなどの取引の場合には適用されないなど，現状の規制ではまだまだ不十分なところがあります。

　割賦販売法は，以上のような規制を設けていますが，たとえばカード取引に関して，割賦販売についてのみ適用される，あるいは不正使用の規制は含まれていないなど，取引社会の実情に照らしてみると，規制が必要とされながら実現に到っていないものも多々あります。取引ルールは徐々に形成されていくものと思われますが，消費者の側も安易にカードを作ったり，使用したり，また高額な商品が分割払いで購入できるからといって簡単に契約に応じるなどしないよう，慎重な態度で臨むことが求められています。

第3章

市民社会における家族生活と法

　家族は社会の最小の構成単位で，多様な機能を果たしています。健全な家族なしに，健全な社会はありません。いま，家族とは何か，また家族はどうあるべきかが問われています。
- 市民社会の法は家族をどのようにとらえているのでしょうか？
- 家族はどのような機能を果たすことを期待されているのでしょうか，またどのような機能を果たしているのでしょうか？
- 今後，家族はどうあるべきなのでしょうか？
　考えてみましょう。

市民社会における家族

家族は生活の基礎的単位である

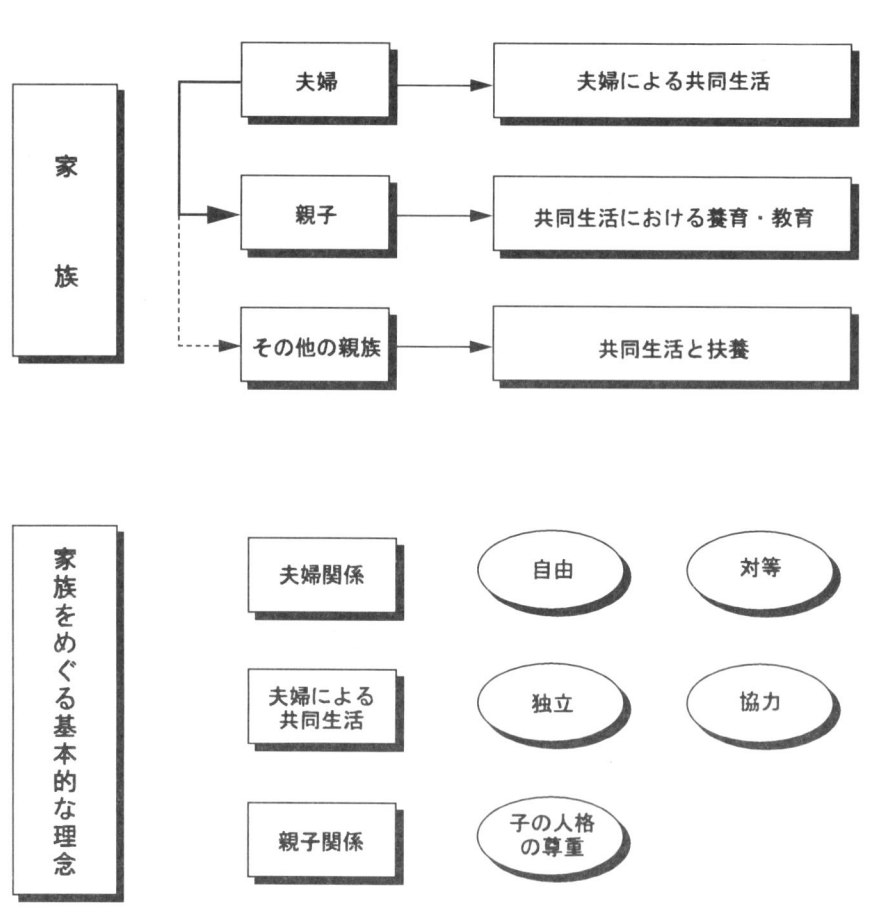

家族
- 夫婦 → 夫婦による共同生活
- 親子 → 共同生活における養育・教育
- その他の親族 → 共同生活と扶養

家族をめぐる基本的な理念
- 夫婦関係 … 自由・対等
- 夫婦による共同生活 … 独立・協力
- 親子関係 … 子の人格の尊重

Ⅰ　私的生活と家族

市民社会における「家族」とは何か

　市民社会においては，市民はどのような生活を送るかを選択し，実践します。これは市民社会における個人の自由な活動という考え方を反映しています。「家族」は私たちの生活と深い関わりを持っています。「家族」との共同生活が，現在の社会における生活の基本的な仕組みとなっているためです。

　共同生活を基礎づけるのは，私たちと「家族」とのつながりです。それでは「家族」とはだれのことを意味するのでしょうか。

　今日の社会における「家族」を知る手がかりとして民法があります。民法は，家族のつながり，そして共同生活について定めています。

　現在の民法は夫婦と未成熟の子を「家族」として捉えます。明治民法が，戸主（夫）をはじめ，妻，子，その他親族を家族の構成員としていたのに対し，現在の家族は夫婦と子供を中心にした小規模なものになっています。

　しかし，家族の構成員間のつながり方は大きく異なります。明治民法（戦前の民法）では家族のつながりは，**「家」制度**を前提とした人間関係でした。**戸主**が**家長**として家を統括し，妻子，その他の親族は戸主に従属する関係です。

　これに対し，戦後の民法は「家」制度を廃止し，これにより家族のつながりは大きく変わりました。家族の中心は夫婦関係であり，夫婦の関係においては，両者は対等な人間として位置づけられます。男女平等です。そして，それぞれが個人として尊重されなくてはなりません（**個人の尊厳の尊重**）。

　相続に関しては，明治民法では**家督相続制度**により，長男子が代々「家」の財産を受け継ぐことにより，家の財産を保持する仕組みとなっていました。現行民法では，相続される財産は個人の財産として扱われます。夫婦は財産

関係において対等であり、夫の財産に対し、妻はつねに相続人となります。そして、その他の「家族」にも財産は平等に分配されます。

　男女が対等であるという考え方は、結婚の手続にも反映されています。結婚が法律的に正式に成立するのは、男女それぞれが夫婦としての共同生活をともに送る意思をもった場合のみです。男性側の一方的な都合で、結婚が取り決められたり、解消されたり、あるいは、結婚しても入籍しないといったことは認められません。男女双方にとって婚姻は自由です。

　共同生活を送る上でも、夫婦は対等な関係にあります。生活を経済的に支え、家事を行い、子どもを養育・教育するといった生活上の事柄について、互いに協力して行うことが基本的なルールとなっています。夫婦の信頼と愛情による結びつきを前提とし、相互的なつながりの中で生存・生活環境を作りあげていくという市民社会における「家族」の特徴があらわれているといえるでしょう。そして、個々人の人格の自由な発展を目的として家族の共同生活の充実を図るところに、現行民法が家族の主要な意義を見出していることを読み取ることができます。

　親子のつながりの中にも、個人の尊重という考え方が反映されています。明治民法にみられるような、親子、とりわけ父子関係における支配・服従関係、財産相続における長男子とそれ以外の子との扱いの違いといった現象は現行民法には見られません。

　親子のつながりにおいても、子の養育・教育は両親が共同して行うという点で、子に対して両親は対等です。子どもの間でもそれぞれが人格の所有者として尊重されるという側面が重視されています。財産相続において長男子だけが特別に扱われるということはありません。親子の関係で重要なのは、親は子の成長を助けるための環境をいかに提供するかという視点です。それは、家の財産を引き継ぐとか、家系を維持するといった視点からの明治民法における親子関係とは異なります。

　また、子どもはお互いに対等な関係にあります。成人して結婚すれば、それぞれが個別に独立して新たな家族をもつことになります。原則として、結

婚するのに親の同意は必要なく，独立した人格としてみずからの意思が尊重されます。

このように現行民法は，平等・対等で独立した個人を前提として「家族」を捉えています。しかし，現実の家族は果たしてこのように形成されてきたでしょうか。現在家族をめぐって生じているさまざまな事件，問題を見れば，そこには法の制度としての家族と現実の家族との間に大きな隔たりがあったといえるでしょう。

「家族」の機能

市民社会における「家族」の機能は，夫婦，親子の対等な人格のつながりを基礎とした共同生活ということができるでしょう。夫婦の協力により生存・生活する環境を整え，子どもの成長を促す環境を提供します。それらについて現在の民法はどのように規定しているのでしょうか。以下詳しくみていくことにしましょう。

なお，現在の民法における「家族」は，すでに述べたように夫婦および未成熟の子からなる**小家族**を意味します。しかし，これら以外にも一定の範囲の者が**親族**（以下「拡張された家族」という）として定義され，家族として扱われます。明治民法における家族観の名残りといわれています。拡張された家族は主に扶養と関わります。ところで，市民社会における家族像を前提とする場合，家族の扶養機能はどのように考えたらよいのでしょうか。最近の介護保険制度の導入に際しての老親介護をめぐる議論に，このような問題の一端をみることができます。

第3章 市民社会における家族生活と法

II 家族関係と法

家族生活を支える主な制度
―― 民法における家族に関する制度の沿革 ――

わが国の家族に関する制度は，民法により定められています。戦後，新憲法が公布・施行され，憲法との内容の調和を図るため，民法の親族・相続に関する部分が改正され，現在の制度が確立しました。家族生活を支える制度の中心は，民法第4編親族，および第5編相続の規定です。

親族編が規定しているのは，家族のつながりに関するルールと家族の共同生活に関するルールです。家族のつながりに関するルールには，夫婦，親子，その他の親族のつながりに関するものがあります。家族の共同生活に関するルールには，夫婦の共同生活に関する規定，子どもの養育・教育に関する規定，および親族間の扶養に関するものがあります。

相続編では，人の死亡による財産の整理のための規定，すなわち法定相続と遺言相続について規定しています。

夫 婦 関 係

（1） 夫婦関係の創出 ―― 結婚 ――
❶ 結婚の成立

家族関係は夫婦関係から始まります。夫婦となり，その関係を維持していくことが家族生活における家族間の関係の基礎となっています。女性（妻）が男性（夫）の家に「嫁」として入るのではなく，両者の約束により独立して新たな家庭をつくります。

法律では，夫婦となることを「婚姻」といいます。わが国では，法律に定

める方式をふむことによって，法律上正式の夫婦となります(**法律婚主義**)。そのためには，法律に定める要件を満たさなくてはなりません。

一つには，夫婦となるという相互の意思が一致することです(742条1項)。より正確にいえば，社会通念上，夫婦共同生活を送ろうとする意思の合致が必要です。対等な人間関係，男女平等という考え方を反映しています。そして，夫婦となることができない場合(**婚姻障害**)に該当しないことです。以上が結婚を成立させるための実質的要件です。

もう一つは，**戸籍法**の定める届出を行うことです(739条)。これは形式的要件です。婚姻届を提出し，これが受理されると法律上，夫婦と認められます。

今日の戸籍は，夫婦，親子，あるいは親族関係といった個人の身分関係を第三者にも明らかにする手段として用いられています。家族関係を基礎として発生する権利・義務関係に関して，家族関係の有無を確認する手段となります。「家」をめぐる法律関係を明らかにする役割を果たしていた明治民法下の戸籍とはその役割が異なります。

戸籍の編製は，現行の民法が念頭におく家族を前提として，夫婦・親子を単位として作られます。すなわち，夫婦単位を原則とし(戸籍法6条)，親子は同一の戸籍に入り(**親子同一戸籍の原則**)，子が結婚すると子は新たな戸籍を作る(**三代同戸籍禁止の原則**)という仕組みになっています。

ところで，男女双方に結婚の意思があっても，以下の場合には夫婦となることはできません。公益的な見地よりあるいは倫理的な理由により，現行民法では結婚が認められない場合があります。

第1に，男性は満18歳，女性は満16歳に達していなくてはなりません(婚姻適齢)。

第2に，すでに婚姻関係にある者が，重ねて他の者と婚姻することはできません(重婚の禁止)。これは一夫一婦制を保護する原則にもとづいています。ただし，すでに婚姻関係にある者(男性)が，別の女性との間で婚姻届を提出し，これが誤って受理された場合など，重婚の事例は限定されます。

第3に，特定の近親者間での婚姻は認められません。これは優生学上の理

結婚と離婚

結婚は夫婦関係のはじまり、夫婦関係は親族関係のはじまりである

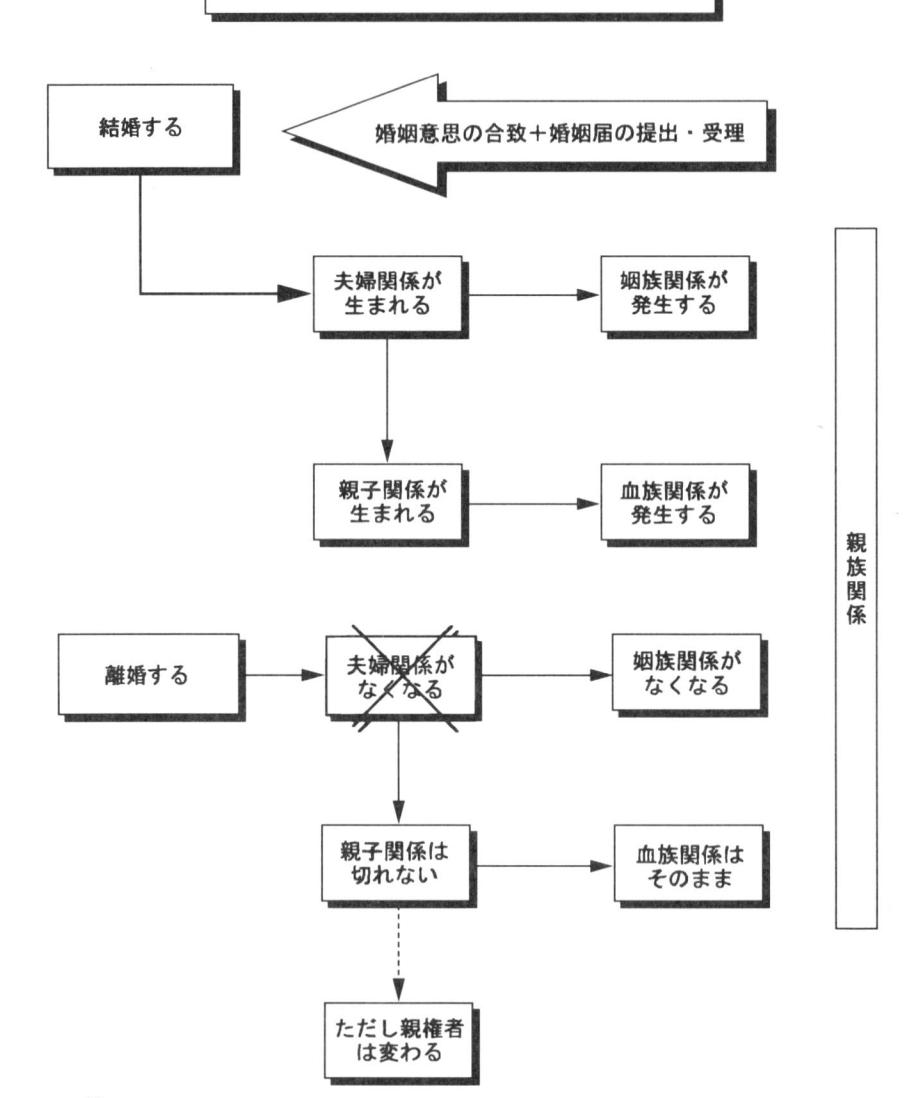

結婚する ← 婚姻意思の合致＋婚姻届の提出・受理

夫婦関係が生まれる → 姻族関係が発生する

↓

親子関係が生まれる → 血族関係が発生する

離婚する → ~~夫婦関係がなくなる~~ → 姻族関係がなくなる

↓

親子関係は切れない → 血族関係はそのまま

⇣

ただし親権者は変わる

親族関係

由または社会倫理上の理由にもとづいています。直系血族または傍系血族間，直系姻族間，養親子関係者間では結婚できません（それぞれの関係の詳細については後述します）。

　第1の例として，おじ・めいは結婚できませんが，いとこ間では結婚することができます。第2の例として，配偶者の尊属，たとえば嫁としゅうとといった間柄の結婚は認められません。これは，離婚あるいは配偶者死亡によって姻族関係が終了した後も同様です。第3の例として，養子と養親は結婚できません。離縁によって親族関係が解かれた後も同様に結婚は認められません。

　第4に，女性は前婚を解消または取消後6ヵ月間は結婚できません。この再婚禁止期間を経過した後でなければ再婚することはできません。子供の父親がだれか分からなくなるというのがその理由です。したがって，前婚の解消または取消前から懐胎（妊娠）していた場合には結婚することができます。

　第5に，婚姻適齢に達した者でも未成年者の場合には父母の同意，場合によっては一方の同意が必要です。現在の民法では，結婚は独立した人格の意思にもとづいてのみ成立します。したがって，子の結婚を親が決めるという考え方は認められません。しかし，思慮の不足を補うため，未成年者は親の同意がなければ結婚できません。

　以上が，夫婦となることが認められない場合です。そこでは，結婚することができる年齢，および再婚が禁止される期間について男女の間に違いがみられます。生理的，あるいは生物学的な根拠にもとづく規定であるといわれます。しかし，市民社会における夫婦関係のあり方からみて，男女に差を設けることは妥当でしょうか。

　婚姻届は定められた様式に従い，当事者双方が署名・押印するとともに，成年の証人2名以上の署名・押印が必要となります。婚姻届書の提出は郵送でも他人にもたせてもかまいません。書面による届出がほとんどですが，市長村長（戸籍事務担当者）あてに口頭で行うこともできます。外国にいる日本人間の婚姻では，届出用紙を郵送するほか，在外公館に届出をすることが

できます。日本人が外国人と婚姻する場合，成立要件はそれぞれの本国法によることとなります。

届出が受け付けられた後，届書および戸籍簿などによって，夫婦となることを妨げる原因（婚姻障害）がないこと，および届出の方式その他の法令に違反していないことについて形式的に審査が行われます。審査を通過して届出は受理されます。ただし，本人の意思とは無関係に無断で届出を出される場合にも受理されてしまう危険があることから，法務省の通達によって不受理申出の制度が整備されており，本籍地の市長村長に申出をしておけば届出が行われても受理されないようにすることができます。

なお，婚姻に至る過程で結納をかわすという行為は，婚約のしるしであり，それ自体法律上意味をもつものではありません。婚約が解消された場合に，その返還が問題となりうるだけです。法律上意味をもつのは，婚約すなわち将来結婚するという約束です。この約束は単なる約束ではなく，契約として当事者間に権利・義務を発生させます。すなわち婚約者は婚姻締結の義務を負います。しかし，正当な理由なく義務を履行しない場合に婚姻を強制することはできず，その者に対し損害賠償を請求しうるだけです。

❷ 婚姻の不成立

結婚が成立するためには，夫婦となる意思を相互にもたなくてはなりません。したがって，意思が一致しない場合には結婚はもとより成立しません（742条1項，婚姻の無効）。結婚する意思が一致しない例として，人違い，あるいは，第三者が勝手に届出をした場合がみられます。また，届出をしない場合も結婚は成立しません（742条2項）。

婚姻適齢に達しない年齢での結婚，重婚，近親婚，待婚期間内の結婚のように婚姻障害がある場合，その結婚は取り消しうるものとなります。詐欺・強迫による結婚も取り消すことができます。本人の十分な判断にもとづく意思とはいえないためです。取消がなされると，夫婦関係は将来に向かって解消されます（742条2項但書）。

結婚が成立しないと，その間に生まれた子は非嫡出子となります。そして，

Ⅱ 家族関係と法

当事者の一方が死亡後に婚姻の無効が判明した場合，他方は配偶者としての相続権をもたないことになります。

婚姻を取り消すには裁判所に対して訴えを提起しなくてはなりません。裁判所で取消が認められると，戸籍に記載されます。

結婚が取り消されると将来に向かって夫婦関係は消滅します。しかし，結婚が取り消されても，子の身分は嫡出子であることに変わりはありません。また結婚の取消は離婚に似ていることから，子の監護，復氏などについては離婚の規定が準用されます。なお，未成年が婚姻したときは成年に達したものとして扱われ（753条）ますので，婚姻が取り消されても成年擬制の効果は変わりません。

❸ 内　縁

結婚する意思をもって共同生活を営みながら，届出をしていない事実上の結婚を内縁と呼びます。婚姻の実質的要件は満たされ，形式的要件である届出がないだけですので，民法の理念に反しない限り，婚姻と同一の法律上の効果が与えられます。すなわち，内縁であっても，**同居・協力・扶助義務**，および**貞操義務**が生じます。しかし，夫婦の氏，姻族関係，および成年擬制に関する規定は，いずれも婚姻届を前提とするため適用されません。

最近，届出をしない夫婦がふえているようですが，実質的な関係（共同生活）を重視したり，結婚により氏が変わることに対する抵抗があるなどの理由によるものと考えられます。届出は義務ではありません。しかし，届出をしないと法の保護が受けられない場合があります。それを考えた上で届出をするかしかないかを決めることが必要でしょう。

内縁関係は当事者の一方の死亡により当然に消滅します。また，当事者の意思により解消することができます。

今日見られる現象として同棲があります。同棲は，単に共同生活をしているだけで，夫婦として共同生活をするという意思を欠く点で内縁と区別されます。

第3章　市民社会における家族生活と法

（2）　夫婦関係の解消——離婚——

　離婚とは，婚姻を解消することです。結婚するのが自由であるのと同様に，離婚するのも当事者双方の自由な意思によります。離婚により，いったん有効に成立した婚姻の効果を将来に向かって消滅させることになります。要するに，離婚は婚姻にもとづく共同生活を解体する過程であり，これまでの家族関係およびこれにもとづく財産関係を包括的に清算する制度です。なお，配偶者の一方の死亡によっても夫婦関係は消滅します。

　離婚の方式には，協議離婚と裁判離婚があります。協議離婚は，当事者間の離婚意思の合致という実質的要件と，戸籍法に定める届出という形式的要件を満たすことにより成立します。離婚意思とは，社会通念上，夫婦の関係を解消する意思です。届出の方式は，婚姻届と同様です。離婚意思を欠く場合は無効であり，詐欺・強迫による離婚は取り消すことができます。

❶　協議離婚

　協議離婚の場合，協議の過程はもっぱら当事者に任されています。協議はそれまでの共同生活の基盤を解体するにあたり生ずるさまざまな問題を処理する過程でもあります。ただし，離婚の自由が確保されるためには，離婚後の生活で配偶者の一方が経済的に困難に陥らないよう，離婚後の生活に対する配慮が求められます。そこで，このような点を含め話し合われることになります。この複雑な過程で，協議が整い届出を行うまでに当事者の一方が離婚意思を翻したり，そもそも離婚意思がないのに届出を勝手に出されてしまったという事態が考えられます。当事者間の対等な話し合いにもとづいて届出が行われるとは限らないという危険に対処するため，本籍地の市長村長に対する不受理申出制度が認められています。

❷　裁判離婚

　協議により離婚が成立しないとき，当事者の申立てにより**家庭裁判所**の調停に付すことができます（家事審判法18条1項）。先に離婚の訴えを起こしても，裁判所はまず調停に付さなければなりません（同法18条2項）。調停において合意が成立し，調書にこれを記載したとき離婚が成立します（同法21

条)。調停手続においては、夫婦間の紛争を解決し、円満な婚姻関係の復活をめざします。そしてこれが不可能であるときは、当事者が納得する離婚条件を整えるよう調整します。

調停による離婚が成立しない場合、家庭裁判所による**「調停に代わる審判」**(同法24条)を通じて成立するのが審判離婚です。当事者間に離婚についての合意があるが、離婚に伴う財産分与などにつきわずかな相違があるときに行われます。2週間以内に異議の申立てがなされなければ離婚は成立します。

これらの調停離婚、調停に代わる審判離婚が成立しないとき、裁判所の判決をもって婚姻を解消させるのが裁判離婚です。裁判離婚は判決確定時に成立します。したがって、届出は報告的届出となります。わが国における離婚では協議離婚が圧倒的で、裁判離婚は1％程度です。しかし、その他の方法で離婚が成立しない場合の最終手段として意義をもちます。

❸ 離婚原因と有責配偶者の離婚請求

裁判上の離婚は、民法770条各号に定める離婚原因にもとづいて、判決によって離婚を成立させる制度です。各号に定める離婚原因として、①不貞な行為があったとき、②悪意で遺棄されたとき、③3年以上の生死不明、④回復の見込みのない強度の精神病、⑤その他婚姻を継続しがたい重大な事由があるとき、が挙げられています。これらの事由は、夫婦双方に平等に適用されます。

①～④は⑤の例示として離婚原因が具体的に定められているのに対し、⑤は抽象的な離婚原因を定めています。このことから、わが国の民法は破綻主義を採用しているといわれます。破綻主義とは、有責・無責を問わず、婚姻の破綻をもって離婚を認めるという考え方です。

破綻主義に立てば、夫婦の婚姻の破綻という事実にもとづいて離婚が認められることになります。しかし、最近まで、最高裁判所は有責配偶者からの離婚請求を認めていませんでした。離婚の結果を考慮しないと請求者の相手方の生活が保護されない場合がでてくるからです。

第3章　市民社会における家族生活と法

ところが，昭和62年9月2日最高裁大法廷判決によって，有責配偶者からの離婚請求であっても，夫婦の別居が相当期間におよび，その間に未成熟の子が存在しない場合には，相手方が離婚により精神的，社会的，経済的にきわめて過酷な状態におかれるなど，著しく社会正義に反するといえるような特段の事情がないかぎり離婚が認められるとの判断を行いました。

❹　離婚の結果

離婚により夫婦関係は解消されます。その一般的な効果として，第1に，再婚の自由が認められます。第2に，姻族関係が終了します（728条1項）。第3に，当然に復氏します（767条1項）。ただし，復氏した配偶者が離婚の日から3ヶ月以内に届け出れば，離婚の際に称していた氏を名乗ることができます（767条2項）。

夫婦の間に未成年の子がある場合は，親権者を定めて（819条1項）離婚届に記載しなくてはなりません（765条1項）。

（3）　夫婦関係の終了——配偶者の一方の死亡——

配偶者の一方が死亡した場合にも夫婦関係は終了します。ただし，配偶者の一方の死亡により婚姻が解消される場合の効果は離婚の場合と大きく異なります。これらの場合，まず夫婦としての身分・財産関係がいっさい消滅します。姻族関係は，死亡配偶者と相手方親族との姻族関係は消滅します。しかし，生存配偶者と死亡配偶者の親族との姻族関係は，生存配偶者からの姻族関係終了の意思表示があった場合に初めて終了します。そして，戸籍上の届出が必要となります。

また，復氏については，生存配偶者の任意の届出（復氏届）によって復氏ができます。配偶者として相続権が発生します。

親子関係

明治民法が定めていた親子関係には，正当な血統の継承と財産の維持を図

るという側面が強く表われていました。親子のつながりにおいて，血のつながりそれ自体が重要であり，また家の財産を維持していくために子の存在が不可欠でした。家を維持するための親子関係であり，親の視点が重視されていました。そして親子関係において子は親の支配の客体として扱われていました。

現在の民法では，親子のつながりは，親が子を養育し，教育することを重視しています。今日でも，血のつながりが親子のつながりの基本であることに変わりはありません。

しかし，現代の家族には次の世代を生み，育てるという役割が求められますが，子供といえども個人として尊重し，その自立を助けるという視点からそれが行われることが要請される傾向が強まっています。そこから，子の自立を促す環境としての親子関係のあり方が問われています。それでは，血のつながりを前提としない親子関係，血はつながっているが法律上の夫婦から生まれた子ではないという場合について民法はどのように取り扱っているのでしょうか。現在の民法の理念は親子関係に関する規定に，どのように実現されているのでしょうか。

(1) 実　　子

❶ 結婚している両親から生まれた子——嫡出子——

生まれてきた子は，だれと親子関係にたち，育てられるのでしょうか。何をもって親となるのでしょうか。民法上，母子関係は分娩の事実をもって発生しますが，その一方，父子関係は，科学的に解明することが困難であることから，結婚から必然的に生ずる関係としています。すなわち，母の結婚相手が父となります。このように，母が婚姻関係にあり，婚姻中の父との間に生まれた子は「嫡出子」となります。

父子関係には，法律上の推定が働き，その推定を覆すことができるのは例外的な場合に限られます。夫婦による正常な婚姻生活を前提とするためです。法律上の推定は二段階で働きます。まず第1に，妻が婚姻中に懐胎した子は

親子関係

両親の法的な関係が親子の法的な関係を決める

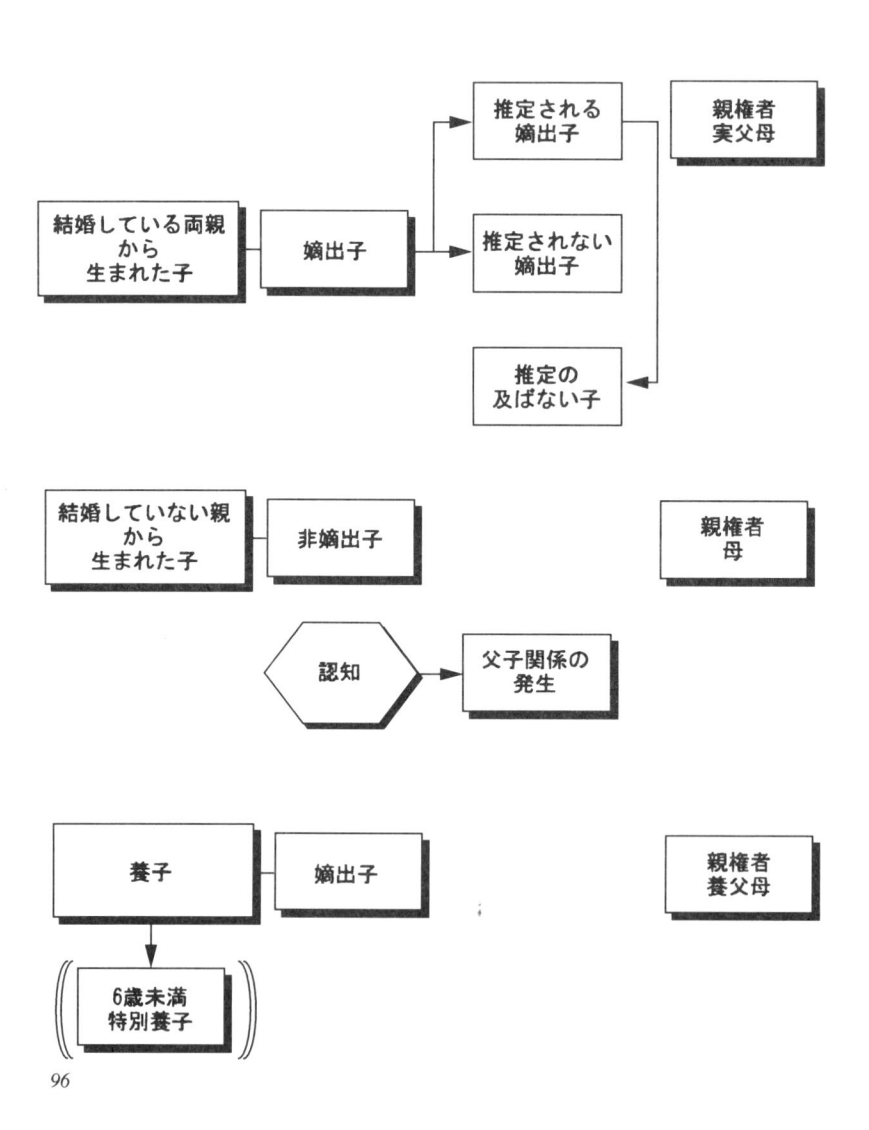

```
結婚している両親    →  嫡出子  →  推定される嫡出子   →  親権者
から生まれた子                                              実父母
                           →  推定されない嫡出子
                           →  推定の及ばない子
```

```
結婚していない親    →  非嫡出子                           親権者
から生まれた子                                              母

              認知  →  父子関係の発生
```

```
養子  →  嫡出子                                          親権者
  ↓                                                      養父母
(6歳未満 特別養子)
```

夫の子と推定されます (772条1項)。第2に, 婚姻成立の日から200日後, または婚姻の解消もしくは取消の日から300日以内に生まれた子は婚姻中に懐胎したものと推定されます (同条2項)。この間に生まれた子は, 当然に嫡出性を付与され (「**推定される嫡出子**」), その事実にもとづいて父子関係が推定されます。ただし, 婚姻前に懐胎し, 婚姻後200日以内に生まれた場合には, 772条の推定は働きませんが, 婚姻関係にある男女から生まれた子として嫡出子となります (「**推定されない嫡出子**」)。

このような推定を覆すには, **嫡出否認の訴え**を提起しなくてはなりません (774条)。嫡出否認の訴えは, 子の嫡出性を奪うものであるため, 要件が厳格です。訴えを起こすことができるのは, 原則として父のみであり, 子または親権を行う母を相手方とします (775条)。訴えを提起できるのは, 夫が子の出生を知った時から1年以内です (777条)。ただし, 子の出生後その嫡出性を承認したときは訴えを提起することができなくなります (776条)。

また, たとえば, 前婚解消後待婚期間を経ずに再婚し (後婚, 届出が誤って受理された場合), 前婚解消後250日目, 後婚成立後230日目に子が生まれた場合のように, 嫡出推定が重複する場合には父を定める訴えによって, 父を確定することができます。推定されない嫡出子に関しては, 親子関係不存在確認の訴えによって, いつでもだれからでもその身分関係を争うことができます。

それでは, 婚姻中に懐胎したが, 実は夫の子ではないというときにもこの推定は働くのでしょうか。判例は, 妻が夫によって懐胎することが不可能な事実のあるときには, 嫡出推定がおよばないことを認めています (最判昭44. 5. 29)。懐胎不能の事実としては, ①事実上離婚状態にあり, 夫婦関係が断絶していた場合, ②夫が行方不明であった場合, ③夫が海外滞在中あるいは刑務所に収監中であった場合などが認められています。このような場合に生まれた子は, 戸籍では嫡出子として扱われても, 実際は非嫡出子ということになります (「**推定の及ばない子**」)。父子関係は, 親子関係不存在確認の訴えにより争われます。

第3章　市民社会における家族生活と法

❷ 結婚していない親から生まれた子——非嫡出子——

　嫡出子と同様に親との間に血のつながりがあるとしても，婚姻関係にない男女の間に生まれた子は，嫡出でない子という意味で非嫡出子となります。母子関係は，すでに述べたように，分娩という自然的事実をもって発生すると考えらます。一方，法律上父子関係を発生させるためには，認知という手続を踏まなくてはなりません（779条）。ただし，両親の婚姻関係の有無をもって嫡出か否かを民法上区別することは，市民社会における家族関係として妥当といえるでしょうか。

❸ 非嫡出子の父子関係(1)——認知——

　認知の方式には二つあり，一つは父が認知届を提出する方法（781条1項）です（任意認知）。認知の結果，出生時にさかのぼって父子関係が生じます（784条，胎児に関しては出生の時から生じる）。認知は遺言によって行うこともできます（同条2項）。認知には，認知される者の意思を問わないことを原則とします。ただし，①成年の子を認知する場合には，その子の承諾が必要です（732条）。②胎児を認知する場合には，母の承諾が必要となります（783条1項）。③子が死亡した場合でも，その直系卑属があれば認知できますが，その直系尊属が成年であれば，その者の承諾が必要となります（783条2項）。

　いったん認知をすると，その認知は取り消すことができません（785条）。子その他利害関係人は，反対の事実を挙げて認知の無効を主張することができます（786条）。

　もう一つの認知の方式は，**強制認知**です。父が**任意認知**をしないとき，子の側からの訴えによって父子関係を発生させることができます（787条）。父の生存中のみならず，父の死亡後3年以内であれば訴えを起こすことができます（死後認知）。**認知請求権**の放棄は認められません。認知の訴えは，子，直系卑属それらの代理人が父（死亡後は検察官）に対して行います。訴えは調停前置主義の適用を受けますので，家庭裁判所に申立てを行わなくてはなりません。

　父子関係の認定は，①原告の母が懐胎可能期に被告と情交関係をもったこ

と，②右期間中に他の男性との情交関係があったと認められないこと，③原告と被告との血液型上の背馳（はいち）がないこと，④被告の父としての言動といった間接事実の組み合わせから行っています（最判昭32.6.21）。原告がこれらの事実により証明を行うことにより父子関係が認定されます。なお，内縁関係があった場合には民法772条の推定が働き，反対の証拠がないかぎり，父子関係は事実上推定されます。内縁は実質的な夫婦関係であり，法律上の夫婦と同様の共同生活を営むためです。認知の判決が確定した場合，10日以内に認知の届出を行わなくてはなりません。

認知が行われると，その効果として親子関係が発生します。ただし，認知後も親権者は原則として母であり，母の氏を名乗ります。相続・扶養などの関係が生じます。ただし，相続分は嫡出子の二分の一となります（900条4号）。

❹ 非嫡出子の父子関係(2)――準正――

非嫡出子であっても，父母が結婚すれば嫡出子の身分を取得することになります。これを準正といいます。推定される嫡出子，および推定されない嫡出子を生来嫡出子と呼ぶのに対し，準正により嫡出子となった子は，**準正嫡出子**と呼びます。

準正には，認知された子の父母が結婚することによる準正（**婚姻準正**）と父母が結婚した後に子が認知されることによる準正（**認知準正**）があります。

以上，親子の血のつながりにもとづく親子関係の発生について見てきました。親子関係を法的に認める基本的な枠組みとして，夫婦の婚姻関係が要件となっていますが，今日，科学的な技術の進歩と合わせて，人工的に子供を生む方法が発達していることから，親子関係の確定も新たな局面にさしかかっています。たとえば，不妊の妻の代わりに，妻以外の女性との間で人工授精を行うとか，対外受精において，妻以外の女性の卵子を使用する，夫の死後，冷凍保存した精液を使って人工授精，あるいは対外受精する例が見られます。家族法上の主要な関心事は，子の成長を手助けするための親子関係であり，そのための関係の確定です。その関係が複雑さを増すことによって，

子が独立した人格として尊重され，発育・成長していくための基本的な環境である親子関係の安定性が損なわれることもありえます。親子関係の安定性を確保する制度という視点から検討を要する問題です。

（2）養　　子

養子制度は，人為的に親子関係を発生させるための制度です。父権的な家族制度の下では，家の継承のために，家長に息子がいない場合に養子縁組を通じて跡取りを作るための制度でした。夫婦・親子関係を基礎とする家族による共同生活が一般化する過程では，当初，子のない夫婦に子育ての喜びを与える制度として機能しましたが，とりわけ戦後以降の世界的な傾向として，親のない子あるいは家庭的に恵まれない子の健全な育成を図るという理念に重点をおいた制度となっています。

わが国の民法では，旧法では家のための制度という色彩が強かったのに対し，現行法では子のための養子制度という意味合いが強まっています。昭和62年の民法一部改正により，**特別養子制度**が導入され，後者の意義が強調されています。ただし，成年養子が多いなど家の存続のための養子も見られます。

❶　養親になる・養子になる──養子縁組の成立──

養親子関係は，縁組によって発生します。縁組が成立する要件には実質的要件として①縁組意思の合致，②縁組障害のないこと，さらに形式的要件として戸籍法に定める届出（799条，739条）を要します。国家機関など当事者以外の関与を排除し，当事者の合意により成立するという簡易な方式を採用している点が特徴的です。

縁組意思とは，社会通念上，親子関係とみられる関係を成立させようとする意思のことです。縁組の合意は，原則として縁組当事者による意思決定にもとづいてのみ有効に成立します。禁治産者であっても，意思能力があるかぎり後見人の同意を必要としません。

縁組障害として民法は以下の定めをおいています。

まず,養親となる者は成年者でなくてはなりません (792条)。後見人が被後見人を養子とする場合には,家庭裁判所の許可を受けなければなりません (794条)。未成年者を養子とする場合にも,家庭裁判所の許可を得なくてはなりません (798条)。旧法時代に見られた人身売買のための養子縁組を阻止するためです。ただし,妻の連れ子や,自分の非嫡出子など,自己または配偶者の直系卑属を養子とする場合は許可は不要です。

配偶者がある者が未成年者を養子とする場合,原則としてその配偶者とともに縁組をしなくてはなりません (795条,夫婦共同縁組)。子供に家庭を与えるという趣旨によります。ただし,配偶者の嫡出子を養子とする場合,および配偶者がその意思表示ができないときは,その必要はありません。未成年者縁組を除いて,単独で縁組をすることができますが,その場合には配偶者の同意を得る必要があります (796条,昭和62年改正による)。

養子となる者は,養親となる者の尊属または年長者であってはなりません (793条)。いわゆる目上養子は禁止されています。また,縁組は当事者の合意によるのが原則ですが,15歳未満の者が養子となる場合には,その法定代理人 (親権者・後見人) が縁組の承諾をすることができます (797条1項,代諾縁組)。監護者がいる場合にはその同意が必要です (同条2項)。したがって,養子となる者が15歳以上であれば,単独で縁組できます (ただし,家庭裁判所の許可は必要です)。

届出の方式は婚姻の場合と同様です。

これら縁組の要件を満たさない場合,その縁組は無効または取り消しうるものとなります。つまり,人違いその他の事由によって当事者間に縁組意思がないとき,および届出を行わないとき,その縁組は無効です (802条)。無効は,当然無効であって判決・審判によらなくとも主張できます。しかし戸籍の訂正には判決・審判が必要となります。なお,適法な代諾を欠く縁組に関して,生まれて間もない子をいったん他人の生んだ子として届け出ておき (「他人の籍を借りる」),後日,戸籍上の親の代諾により養子にやる場合,かつての大審院判例では絶対的に無効であると判断されましたが,その後最高

裁の判例変更により，養子が15歳に達した後適法な追認をすれば，縁組は始めから有効なものとなります（最判昭27.10.3）。

また，他人の生んだ子をもらって自分の嫡出子として届け出る場合（「藁（わら）の上から貰って育てる養子」），この出生届により養親子関係が生じないかが従来争われてきました。判例上，縁組の意思，養親子としての生活事実があるとしても，適法な縁組の届出がなければ縁組の成立は認められません。しかし，学説上多くの批判があります。

縁組が取り消しうるのは，上述の婚姻障害がある場合（803条〜808条），もしくは詐欺・強迫による場合です。すなわち，養親が未成年者である場合，尊属または年長者養子，後見人・被後見人間の無許可縁組，配偶者の同意なき縁組，監護者の同意なき縁組，および，未成年者の無許可縁組です。

縁組の取消は裁判所に対する訴えによらなくてはなりません。婚姻の取消の場合と異なり，検察官は取消権者とはなりません。取消期間は，尊属または年長者養子を除いて（期間制限なし），制限があります。また，追認をすると，取消権を行使できなくなります。夫婦共同縁組において，夫婦の一方につき取消原因がある場合，その一方についてのみ取り消すことができます。

縁組を取り消すと将来に向かってその効力が否定されることになります（808条1項，748条1項）。

❷　養子縁組の解消——離縁——

いったん有効に成立した縁組の効果を，将来に向かって消滅させることを離縁といいます。離縁には，**協議離縁・調停離縁・裁判離縁**があります。

当事者の一方の死亡により当然には縁組は解消しません。養子が未成年者である場合に養親が死亡すると，実親の親権が回復するのではなく，後見が開始されるというのが従来の実務の扱いです。そのため，生存当事者が縁組を解消するためには離縁手続を要します（811条6項，死後離縁）。養親死亡後の離縁は，養子と養親親族の法定血族関係を消滅させ，養子の復氏，復籍という効果を発生させます。養子死亡後の離縁は，縁組後に生じた養親およびその養子の直系卑属との親族関係を解消する効果をもちます。後者は，昭

和62年の民法改正により認められました。養親子関係そのものを解消する通常の離縁とは性格を異にします。

協議離縁は、当事者間の合意と届出のみで成立します（813条）。ただし、養子が15歳未満のときは、離縁後にその法定代理人となるべき者（通常、親権を回復する実父母）が養親と協議して決めます（811条2項）。養親が夫婦である場合、未成年者と離縁するには夫婦共同で離縁しなくてはなりません（811条の2）。したがって、その他の場合は、単独で離縁することができます。

裁判離縁は、民法に定める離縁原因（814条1項）にもとづいて、縁組当事者が行う訴えによる離縁です。

離縁の効果として、法定嫡出親子関係（および法定血族関係）がなくなります。養子は、離縁により縁組前の氏に戻ります（816条）。縁組の日から7年を経過した後に離縁によって縁組前の氏に復した者は、離縁の日から3ヶ月以内に戸籍法上の届出を行えば、離縁の際に称していた氏を称することができます（816条2項、縁氏続称）。扶養・相続関係はなくなります。

❸ 特別養子

特別養子制度とは、普通の養子とは異なり、幼児を養子にとる場合に、実方との親族関係を断絶し、完全に養方の嫡出子として取り扱う制度です。欧米では孤児や婚外子を救済するための制度として採用されていますが、わが国においても昭和62年の民法改正によって特別養子制度が導入されました（817条の2）。

特別養子縁組は、普通養子のように当事者間の合意と届出によるのではなく、一定の要件を具備し、縁組を成立させる必要が認められる場合に、家庭裁判所の審判を経て成立します。特別養子は、普通養子とは異なり、もっぱら子の福祉のための制度として機能し、原則として離縁が認められないため、成立要件が厳格です。

養親となる者は、原則として25歳以上の夫婦でなくてはなりません（夫婦共同縁組の原則、817条の3）。養親の一方が25歳に達していなくても、20歳に

達していれば養親となることができます（817条の4）。

特別養子となる者は，6歳未満の子に限られます（817条の5）。ただし，その者が8歳未満であって，6歳に達する前から引き続き養親に監護されていた場合は特別養子となることができます。実の親子と同様の親子関係を形成するのに適当な年齢を考慮したことによる制限です。さらに，縁組の成立には，父母による養子となる者の監護が著しく困難または不適当である等，子の利益のために特に必要があると家庭裁判所が認定しなくてはなりません。縁組の必要性の認定にあたっては，養親となる者が養子となる者を6ヵ月以上の期間監護し，その実績に基づいて養親子の適合性を判断することになります。いわゆる試験養育の結果が重要な判断資料となります。

縁組の成立には，養子となる者の父母の同意が必要です（817条の6）。ただし，子の福祉を尊重するため，一定の場合には，同意がなくとも成立が認められます。父母がその意思を表示できないとき，父母による虐待・悪意の遺棄など，養子となる者の利益を著しく害する事由のある場合には同意は不要です。

特別養子縁組が成立した場合，その効果として，養親との関係において，養子は，養親の嫡出子たる身分を取得します（809条）。養子と養親およびその血族との間に法定血族関係が生じます（727条）。そして，養子は養親の氏を名乗ります（810条）。

特別養子となった者と実方との関係において，実方の父母およびその血族との親族関係は終了します（817条の9）。養親子関係の安定を図るためです。この結果，扶養・相続関係はなくなります。ただし，近親婚は禁止されます（734条2項，735条）。

特別養子に関する戸籍は，実父母との法律上の親子関係の終了の効果を反映し，実の親子関係が戸籍上簡単にはわからないようにする仕組みとなっています。すなわち普通養子が実親の戸籍から養親の戸籍に直接入籍するのに対し，特別養子の場合は，実親の戸籍から除籍し，特別養子を筆頭者とする単身戸籍を作成したのちに，養親の戸籍に入籍することになります。した

がって、養親の戸籍の身分事項欄には、実父母に関する戸籍の記載はありません。

特別養子縁組の離縁は原則として認められません（817条の10第2項）。離縁が認められるのは、①養親による虐待、悪意の遺棄、その他養子の利益を著しく害する事由があり、かつ②実父母が相当の監護をすることができる場合において、「養子の利益のため特に必要がある」ときです。家庭裁判所の審判によって離縁させることができます（817条の10第1項）。離縁を請求できるのは、養子、実父母、または検察官です。離縁が成立すると、実父母およびその血族との間の親族関係が復活します（817条の11）。子は実親の氏に復氏し、実親の戸籍に復籍します。

親族関係――拡張された家族――

夫婦関係は家族関係の中心です。この関係から親子関係が生まれます。ただし、法律では家族をこうした関係に限定していません。兄弟姉妹、結婚した場合の相手方（配偶者）の家族、祖先も家族に含まれています。これらを総称して**親族**といいます。

一般に親族とは、自分と血縁関係にある者、および婚姻を通じて配偶者の血縁との間に生ずる関係をいいます。民法では、六親等内の血族、配偶者、ならびに三親等内の姻族を親族といいます（725条）。

配偶者とは、婚姻によって夫婦となった者の一方をさします。配偶者は互いに血族でも姻族でもありません。しかし、親族です。したがって法律上、配偶者間に親族関係が生じることになります。

血族とは、血縁のつながる者をさします。婚姻により、他方配偶者の血族は姻族となります。たとえば、親子は血族であり、妻から見た夫の母は姻族です。しかし、妻の両親と夫の両親との間には姻族関係はありません。なお、血族には、出生により血縁となる自然血族のほかに法定血族があります（727条）。法定血族とは、養子と養親、および養子と養親の血族との間に生

親族関係

親族関係は夫婦関係を中心として広がっていく
自分と相手（親族）との関係の遠近をあらわす単位は
親等である

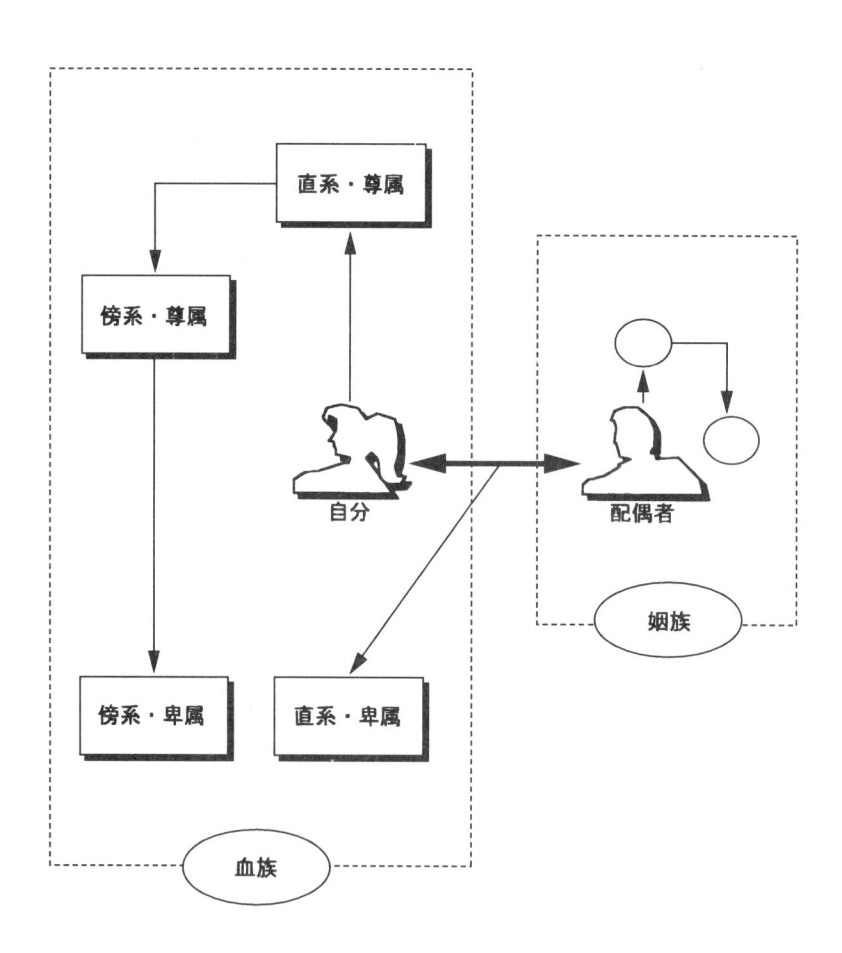

- 直系・尊属
- 傍系・尊属
- 傍系・卑属
- 直系・卑属
- 自分
- 配偶者
- 血族
- 姻族

Ⅱ 家族関係と法

ずる関係です。

　親族関係の遠近を示す単位を**「親等」**といいます（726条）。一の親子関係（世代）を単位として算出する世数親等性によって計算されます。

　世代が上下に連なる関係を直系といい（例：父母と子），共同の祖先から別れた血縁者を**傍系**といいます（例：兄弟姉妹，おじとめい）。

　直系親族の親等は，その間の世数を数えます。父と子は一親等，祖父と孫は二親等になります。傍系親族は，それぞれの共同の祖先までの世数を合計します。自分とおばとの関係では，共同の祖先は，祖父（母）であり，自分と祖父（母）との関係は二世代（二親等），おばと祖父（母）との関係は一世代（一親等）ですから，自分とおばは三世代，すなわち三親等となります。

　また，自分より前の世代を**尊属**（そんぞく）（例：祖父母），自分より後の世代（例：子，孫）を**卑属**（ひぞく）といいます。

　親族関係は，自然血族関係は出生により生じ，法定血族関係は，養子縁組によって発生します。姻族関係は，婚姻を媒介として生じます。

　親族関係は，自然血族関係は死亡により，法定血族関係は，離縁（729条）または縁組の取消により終了します。姻族関係は，離婚および婚姻の取消により終了します。ただし，死別の場合は，生存配偶者の意思表示により姻族関係が終了します（728条2項）。配偶者関係は，死亡，婚姻の取消，離婚によって終了します。

　親族関係にあることにより，法律上相互に扶け合う義務（730条），**扶養義務**（877条），**相続権**（887条～890条）が生じます。一定親族間の結婚は近親婚として禁止されます（734条～736条，親族関係終了後も結婚できません）。あるいは禁治産・準禁治産宣告などの種々の申立権が与えられます。ただし，扶け合う義務については，夫婦の同居義務，親族間の扶養義務などに比べ内容に具体性がなく，倫理上の意義をもつにとどまります。夫婦関係，および親子関係の効果は後述します。

親族関係と親等

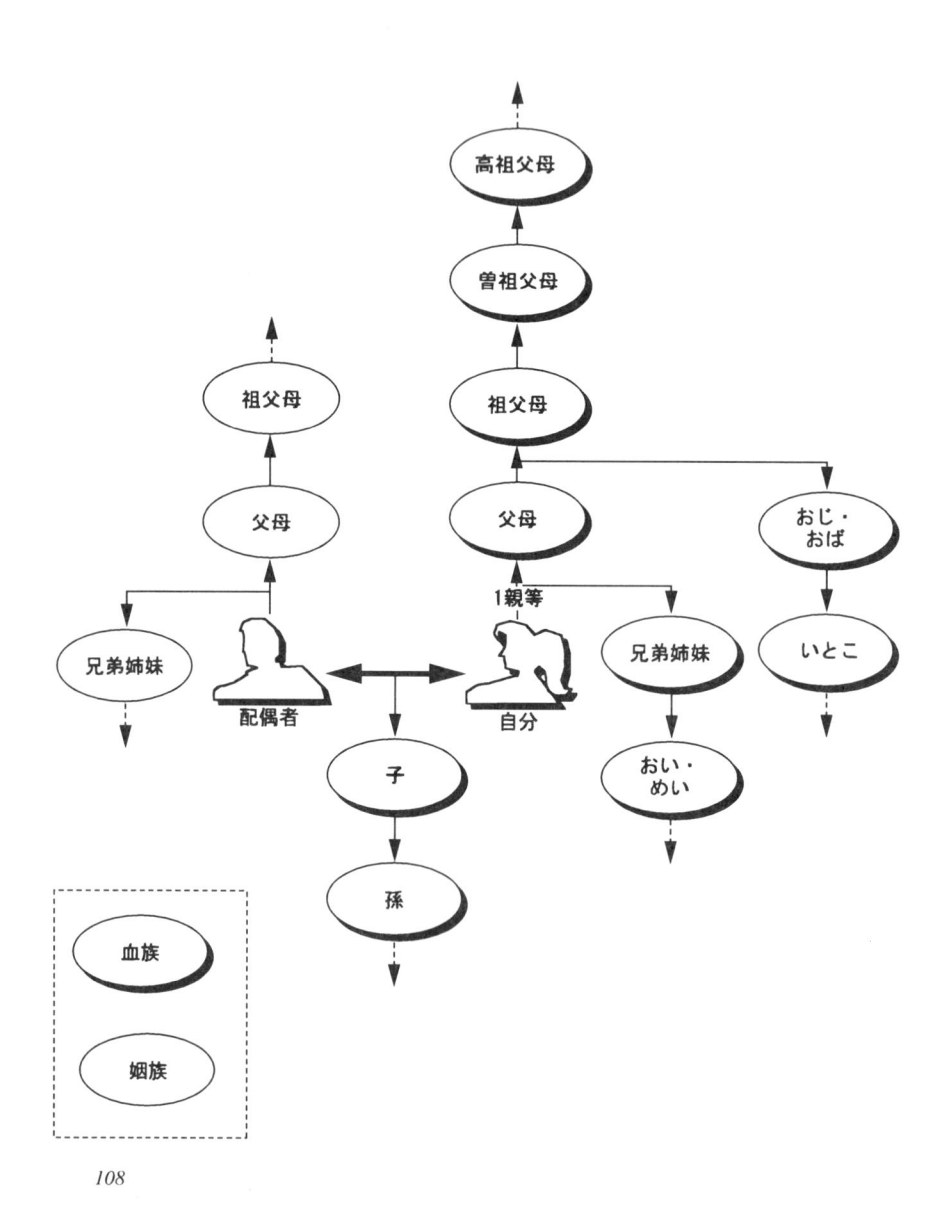

- 高祖父母
- 曽祖父母
- 祖父母
- 父母
- 兄弟姉妹
- 配偶者
- 自分
- 子
- 孫
- 兄弟姉妹
- おい・めい
- おじ・おば
- いとこ

1親等

血族
姻族

II 家族関係と法

家族間の紛争と解決のための手続

　結婚する，離婚するというように家族関係を成立させる，解消する，あるいは離婚に際し親権をもつのはどちらか，親族の中でだれが親を養うか，遺産をどのように分割するかというような家族問題について，その解決を支援する制度として，**家事審判法**が定められています。民法をとりまくもう一つの重要な制度です。

　家族法は，家族関係について規律する法です。しかし，結婚する，離婚する，養子縁組をする，認知するというような行為を行うのは個人であり，その意思が前提となります。したがって，家族制度の維持という観点から家族問題の処理を国家が支援する制度が要請される一方，問題の解決にあたっては，行為を行う個人の意思を尊重して解決にいたる方法が求められています。

　家庭裁判所は，こうした問題を解決に導くための専属的な司法機関です。その仕組みについて若干説明しておきます。

　まず，家事調停，家事審判を申し立てる前段階として，家事相談が行われます。もともとは申立ての受付業務として行われていました。しかし，利用者にとっては，みずからが持ち込む問題について，何が問題であり，どのような手段で解決をめざすか，家庭裁判所の手続きを活用するとすれば，その手続はどのように進められるのか，といった点を含めた助言が必要となります。そこで，単なる受付業務にとどまらず，当事者が問題解決の方向をみずから発見するためのカウンセリングを行う場として発展してきました。家事相談は法制化された制度ではありませんが，問題の背景にある人間関係を調整する機能を事実上果たしています。また，裁判所を効率的に機能させる観点からも，家事相談の機能は重要です。

　家族関係をめぐる問題（**家事事件**）の解決を図る制度としては，家事調停，ならびに家事審判があります。家事調停は，家族問題について当事者の合意の形成をあっせんすることによって自主的な解決を促す制度です。

家事事件処理手続

家事調停は家族関係上のもめごとの解決を手助けしてくれる制度である

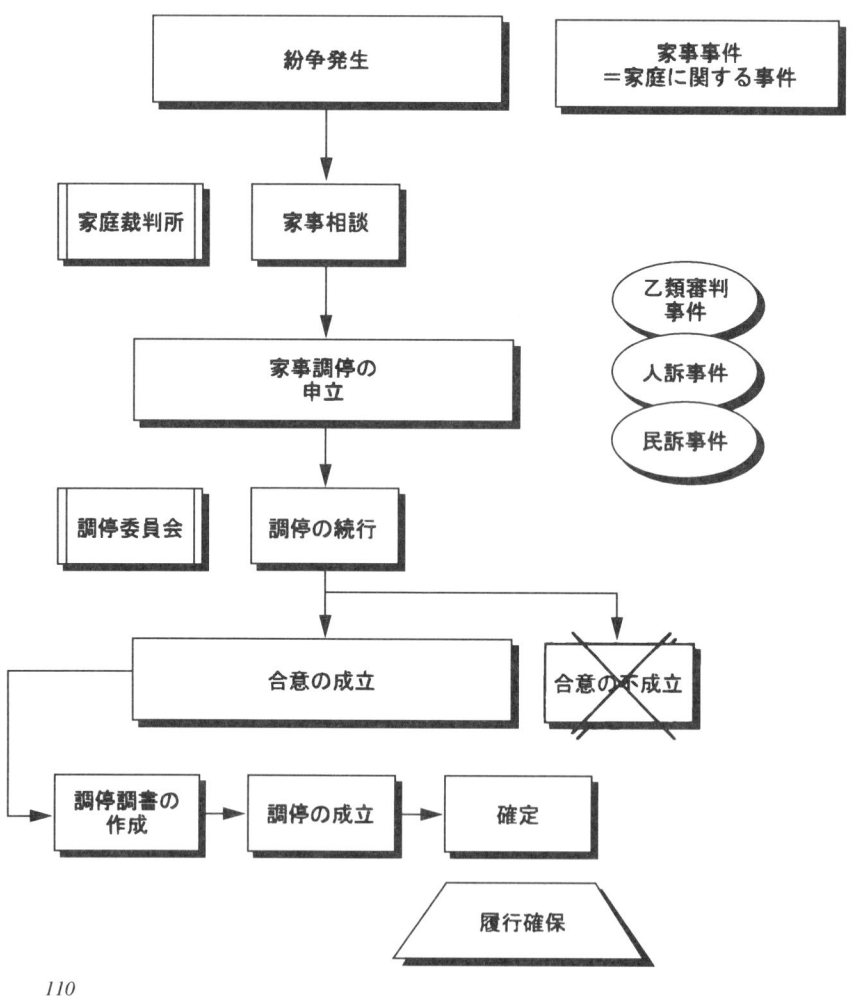

```
紛争発生              家事事件
  ↓                  ＝家庭に関する事件
家庭裁判所  家事相談
          ↓
                       乙類審判事件
      家事調停の          人訴事件
        申立            民訴事件
          ↓
  調停委員会  調停の続行
              ↓
        ┌─────┴─────┐
     合意の成立    合意の不成立 ✕
        ↓
  調停調書の  →  調停の成立  →  確定
    作成                        ↓
                              履行確保
```

調停手続は，調停委員会または1名の家事審判官（裁判官）が行います。調停委員会は，家事審判官1名，および**家事調停委員**（社会経験に富み人格識見にすぐれた民間人）2名以上をもって組織されます。また調査官や技官が，家庭環境や心身の調査・診察をしてその仕事を補佐します。事件の関係人本人が出頭するのが原則です。調査は職権にもとづいて行われ，手続は非公開です。調停において当事者間に合意が成立し，これが調書に記載されると調停は成立します。その記載内容は，確定した審判・判決と同一の効力をもちます。また，家事調停は家事事件の訴訟による解決に先立って行われます（**調停前置主義**）。

III　家族と共同生活

夫婦と共同生活

（1）　結婚が成立した後の夫婦関係——婚姻から発生する義務——

　婚姻が成立すると，夫婦は新たな家族を創出し，独立して共同生活を送ることになります。夫婦の共同生活は私的なことであり，そもそも法の関与するところではありません。しかし，家庭の健全化を図るため，法律は夫婦関係の発生にかかる義務，および生活する上で守られるべき義務について定めています。

　夫婦関係を表象するものとして，夫婦は同じ氏（個人の呼称のうち，法律上の姓をさす）を名乗ります（750条，夫婦同氏の原則）。氏は婚姻の際，両者の協議により決定し，婚姻届に記載します。夫の氏か妻の氏のどちらかを選択します。第三の姓は認められません。

　生活する際に，夫婦は互いに同居し，協力し，扶助しなければなりません（752条）。どこに住み，どのように家事・育児を分担し，あるいは経済的な基盤を確立するか，といった事柄について法は包括的な義務を設定していま

家族と共同生活

夫婦は生活共同体であり、社会の構成単位である

夫婦

1. 夫婦同氏の原則 — 同じ姓を名乗る
2. 同居義務 — 一緒に住む
3. 協力義務 — 経済的に、生活上協力し合う
4. 扶助義務 — 互いに同じレベルの生活を分かち合う

親子

5. 親権 — 夫婦で協力して子どもを養育・教育する

親その他の親族

6. 扶養義務 — 一定の親族に対する経済的援助

す。しかし、具体的な内容の決定は当事者の話し合いによります。

仕事上の理由、たとえば単身赴任は同居義務違反にはあたりません。しかし、正当な理由がないのに同居義務を果たさない場合は、家庭裁判所に同居審判を求めることができます。ただし、法律上同居を強制することはできません。

協力義務は共同生活を維持する役割分担を行う根拠となります。その経済的基盤の維持については、婚姻費用の分担として、次に述べる夫婦財産制に定めがあります。

扶助義務は、配偶者間の生活を保障する、いわゆる生活保持義務をその内容とします。生活保持義務は、婚姻関係から生じる本質的な義務であり、自己の最低生活を割っても相手方に自分と同程度の生活をさせなくてはなりません。

同居・協力・扶助義務を正当な理由なく拒否するときは、「悪意の遺棄」として離婚原因となります（770条1項2号）。

その他、明文上規定はありませんが、婚姻の本質をなすものとして貞操義務があります（770条1項1号参照）。なお配偶者の一方と不貞をはたらいた第三者は、他方配偶者に対して損害賠償責任を負うことになります。

（2） 夫婦の経済関係――夫婦財産制――

夫婦関係が成立すると、夫婦は協力して共同生活の経済的基盤を形成し、維持していくことになります。

歴史的に夫婦財産の帰属・管理のあり方には、夫婦間の人的な関係が反映されていました。わが国においても、旧法では、形式的には夫婦別産制をとりながらも、妻の財産の管理権は夫に与えられ、帰属不明の財産は夫のものと推定されました。婚姻中の共同生活における費用は夫が単独で負担することとなっていました。そして、日常の家事に関する債務については、妻は夫の代理人とみなされました。このように法律では妻は夫に従属する形となっていました。

第3章　市民社会における家族生活と法

　新法では，このような関係は廃止され，夫婦財産の別帰属・別管理が原則となりました（762条，夫婦別産制）。帰属不明の場合は共有の推定が働きます（762条2項）。婚姻費用は，配偶者間で分担すべきこととされました（760条）。そして，日常家事の執行については，別産制の例外として連帯して責任を負うこととなりました（761条）。

　このように，現行法のもとでの夫婦財産制は，夫婦間の対等な関係を前提とした制度となっています。このような財産関係を基礎として，第三者との取引関係を含めた共同生活の維持・安定はいかに図られているのでしょうか。

　民法は，夫婦財産制について，婚姻の届出前に夫婦財産契約を結ぶことを認めています（755条）。契約の内容は自由です。ただし，財産契約を夫婦の承継人（例：相続人），第三者に主張（法律上は対抗するという）するためには登記をしなくてはなりません（756条）。原則として婚姻後に変更することはできません（758条1項）。しかし，このように要件が厳格であるため，わが国では，ほとんど利用されていません。

　夫婦財産契約を締結しない場合に，民法は補充的に法律が定める制度（法定財産制）をおいています。この法律に定めた制度によるのがわが国ではむしろ一般的です。本制度は，夫婦別産制を採用し，夫婦の一方が婚姻前から所有する財産や婚姻中自己の名で得た財産は，各自の財産となります（762条1項）。これを特有財産といいます。特有財産は各自で管理し，利益を得ます。

　それでは夫が収入を得るのに妻が協力・貢献するという場合に，夫名義で取得された財産は特有財産といえるでしょうか。この点については評価が分かれます。また，婚姻中の家屋，家具などの取得のように一方名義で獲得された財産であっても実質的に共有財産とみなされる場合もあります。実際の夫婦の共同生活用の財産は，名義のつかない，または名義の如何にかかわらず夫婦の共有財産と位置づけられるものも多いでしょう。

　婚姻中の日常生活を維持するための経済的基盤となるのは婚姻費用です（760条）。生計費，養育・教育費，交際費，娯楽費など共同生活から生ずる

すべての費用が含まれます。婚姻費用の分担割合は，収入その他いっさいの事情を考慮して決定されます。いっさいの事情には，家事従事の労働も含まれます。要は，共同生活に必要な費用・労働をだれがどのように負担・分担するのかを夫婦の話し合いによって決めるということです。話し合いがうまくいかない場合は，家庭裁判所の審判によります。

別居した場合でも婚姻費用の分担責任は存続します。分担義務の内容は，生活保持義務をふまえ，原則として，本来の共同生活の水準を維持するよう定めなくてはなりません。ただし，別居にいたる事由は分担額に影響します。

なお，夫婦間の契約は，その種類を問わず婚姻中はいつでも取り消すことができます（754条）。しかし，夫婦円満のときに結ばれた契約が，不和になった場合に取り消すことができるのか，あるいは，離婚の経済的補償として財産の贈与契約を結び，離婚に同意したのちにこれを取り消すことは認められるのか，という問題があります。判例上，夫婦関係が実質的にすでに破綻している場合には本条による取消は認められないとされています（最判昭33．3．6，最判昭42．2．2）。

すでに述べたように，現行制度においては夫婦別産制をとり，各自が特有財産の管理・収益を行います。しかし，家事処理の便を図り，第三者の保護を図るため，日常家事に関しての債務を負担した場合に限って夫婦は連帯して責任を負います（761条）。

日常の家事に関する債務としては，食料品・家具の購入費，光熱費の支払い，家族が病気になった場合の医療費，子どもの塾の授業料の支払いなどがあります。判例では，巨額の借金（金銭消費貸借契約），他方名義の不動産の売却は日常の家事に含まれないと解されています。

連帯責任を負うということは，行為者本人に権利義務が生ずるのみならず，他方配偶者にも責任がおよぶことを意味します。ただし，第三者に連帯責任を負わないこと（免責）を予告をした場合には，連帯責任を負いません（761条但書）。

また，新たに成年後見制度が発足したのに伴い，さまざまな原因から通常

の判断能力を失った場合，一方配偶者は，従来の禁治産・準禁治産宣告に替えて後見，保佐，補助の開始を請求することができます（7条，11条，14条）。夫婦の一方が禁治産者になった場合，他方は当然にその後見人となるという規定は廃止され，家庭裁判所が最も適任である成年後見人，保佐人，および補助人を選任します（843条）。そして，これらの者が，財産管理，あるいは監護を行います（858条）（禁治産の法定後見，準禁治産者については保佐人）。

（3） 離婚による夫婦財産関係の清算──財産分与請求権──

　婚姻中に形成されたさまざまな財産関係は，離婚によりどのように変動するのでしょうか。民法上，離婚した夫婦の一方は，相手方に対し財産の分与を請求することができます（768条1項，771条）。いわゆる財産分与請求権です。財産法的に処理した場合には考慮されにくい一方配偶者の生活保障，夫婦の一方名義の財産形成に対する他方配偶者の貢献などに配慮した財産分けが行われるよう規定が設けられました。離婚の自由を実質的に確保する機能が期待されています。

　財産分与は，当事者の話し合いによることとし，協議が調わない場合は，家庭裁判所の調停・審判によることとなります。ただし，遅くとも離婚後2年以内に申立てを行わなくてはなりません。

　家庭裁判所が判断を行う場合には，当事者双方がその協力によって得た財産の額その他いっさいの事情を考慮して分与額を決定しなくてはなりません（768条3項）。「一切の事情」に関し主として考慮されるのは，婚姻中の夫婦財産の清算および離婚後の扶養です。

　夫婦財産の清算に関しては，婚姻中夫婦間の協力により蓄積された財産につき（婚姻前の各自の財産，および婚姻後に相続・贈与により各自が取得した財産を除く），その名義の如何を問わず分配することになります。持分については，各自の寄与の割合が考慮されます。ただし，夫婦の居住家屋とその敷地の取得に関して，夫がもっぱら収入を得，妻はもっぱら家事労働を負担するという場合，持分平等による共有を認める傾向が判例上みられます。

離婚後の扶養について明文上の規定はありません。しかし，離婚により配偶者の一方の生活がたちゆかなくなる場合，暫定的に生活保障を行うことが婚姻の事後的効果として考慮されます。母が子を引き取った場合は，子どもの養育費を受け取ることになります。

　なお，離婚による精神的損害の賠償（**慰謝料**）は原則として財産分与には含まれません。しかし，実務上，財産分与に慰謝料請求を含ませ，または双方を前後して請求することを認めています。

　財産分与の実際上の問題点として，離婚の際に財産分与に関して取り決める割合が低いこと，額が少ないこと，履行確保が難しいことが指摘されています。子供の養育費についても同様の問題があります。

家族の共同生活における子の養育・教育

　未成年の子供に対して親が果たす責任について，民法は規定をおいています。父母の養育者としての地位・職分から流出する権利・義務を総称して親権といいます。子を監護・教育する親の役割を具体化したものが親権です。ただし，権利といっても義務的色彩が強く所有権のように一定の利益を保障することを意味するものではありません。明治民法のもとでみられた子に対する親の支配権という考え方は，子の人格を尊重する観点から認められません。

　実子はもとより，養子・特別養子制度にみられるように親子関係を法的に創設する今日的な意義は，主として子の福祉にあり，子に親を与え，子の健全な成長を助けるための制度として位置づけられています。未成年の子を監護・教育するために民法は親子関係を法律上確定し，その内容を親権として定めているのです。

　近時「**児童の権利に関する条約**」が成立し（1989年国連総会にて採択，わが国では1994年に批准），子の自立権の保障が主張されています。児童を弱者として保護するのではなく，子を自立する存在としてみた場合，親そして

第3章　市民社会における家族生活と法

社会はどのように子供に接していかなくてはならないでしょうか。あるいは，今日の家族生活の状況に照らして，子の利益を尊重して監護・教育するという意味で，親のみならず，地域社会，あるいは国はいかなる仕組みを確保する必要があるのでしょうか（児童福祉法2条参照）。

(1) 親　　権

親権とは，親が子に対して監護・教育などを行う権利・義務の総称です（820条）。親権に服する子は，未成年の子に限られます（818条1項）。ただし，未成年者であっても婚姻すれば成年に達したものとみなされ（753条），親権には服しません。親権を行う者，つまり親権者となるべき者は，原則として実子に対しては実父母，養子に対しては養父母となります（818条）。非嫡出子については，母が親権を行います。

親権は，婚姻中は父母が共同して行います（818条3項，親権共同行使の原則）。共同して行うとは，父母共同の意思にもとづいて親権を行使するということです。

親権の具体的内容として，民法は，**身上監護権**と**財産管理権**とを定めています。身上監護権について民法は820条に，親権者は，子の監護および教育する権利を有し，義務を負うという包括的規定をおきます。その具体的内容として，①居所指定権（821条，監護教育を可能にするためです），②懲戒権（822条），③職業許可権（823条，他人に雇われる場合も含まれます），および④代理権（原則として財産上の行為に限られます）が定められています。監護とは，主として肉体上の監督保護であり，教育とは，主として精神的発達を図ることです。つまり，子を心身ともに健全な社会人として育成するために，生活する場所を決め，しつけを行い，アルバイトなどを制限することができます。ただし，社会通念をこえる懲戒は，傷害罪・暴行罪など刑事責任に問われることになります。また，子が指定された場所に居住することを第三者が妨害したときは，子の引渡しを請求することができます。

財産管理権については，民法824条に定めがあります。親権者は，子の財

産を管理し，その財産上の行為について子を代表します。財産の管理には財産の保存・利用のほか，処分も含まれます。たとえば，子の不動産を売却する行為が含まれます。代表とは，親権者が子の財産的地位を全面的に代行する，すなわち代理することです。共同親権の場合には，父母の共同代理となります。

　財産管理権の行使にあたって，親権者は，自分の財産を管理する場合と同じ注意義務を負えばよいことになっています（827条）。子の財産から収益があれば，これを監護教育・財産管理の費用にあてることができます（828条但書）。子が成年に達すれば親権は終了し，管理権もなくなります。親権者は，遅滞なく管理の清算をしなくてはなりません（828条）。

　ただし，親権を行う父または母とその子との利益が相反する行為については，親権者は，みずから代理しまたは同意をすることができません。この場合，親権者は，その子のために特別代理人の選任を家庭裁判所に請求し，特別代理人に代理または同意させなくてはなりません（826条1項）。利益が相反する行為としては，子の財産を親権者に譲渡する行為，子を親権者の借財の保証人とする契約，あるいは，数人の子が共同相続人になりその1人を代表して相続を放棄する場合などがあります。

　親権者が親権を濫用し，または，著しい不行跡をした場合には，子の親族または検察官の請求により家庭裁判所は親権喪失を宣告し，親権を剝奪することができます（834条）。親権が剝奪されるのは，親権の濫用などが，子の利益を害し，子の心身の健全な発達を妨げる場合です。同様に，親権を行う父または母の管理が失当で，子の財産を危うくしたときは，家庭裁判所は管理権喪失の宣告をなすことができます（835条）。子を虐待することは親権の濫用にあたります。著しい不行跡とは，単なる素行不良にとどまらず，親権の行使を他の者に行使させることが子の福祉を増進するという点が考慮されます。

　その他親権が喪失する事由として，①子の死亡，婚姻，成年，（絶対的事由），②親権者の死亡，離婚，行使不能，辞退（相対的事由）があります。

なお，宣告の原因がやんだときは，家庭裁判所は，本人または親族の請求によって失権の宣告を取り消すことができます（836条）。

（2） 後　　見――未成年後見――

　後見制度とは，被後見人（後見が付される人）の身上，財産上の保護を図る制度です。未成年者に対するものを未成年後見，といい，親権を補充します。

　未成年後見は，未成年者に親権者がいないとき，または，親があっても親権喪失や親権行使不能という場合に，子を保護するための制度です。しかし，民法上，財産上の問題は扶養の問題として扱われ，身上監護のみが後見の問題とされています。ところが，実際には，親権者がいなくなったとしても，後見人が選任されるのは，未成年者が所有する不動産を売却する場合など，契約を結ぶなどの場合にあたって法定代理人の選任が必要なときに限られ，具体的な事柄を処理するために後見人が形式的にたてられるにすぎません。したがって，後見人が実際に未成年者の身上監護に関わる例は多くありません。

　後見人の選定につき，未成年者に対して最後に親権を行う者は，遺言により後見人を指定することができます（839条，指定後見人）。後見人の指定がなされなかったときは，被後見人の親族等の請求により家庭裁判所が後見人を選任します（841条，選定後見人）。ただし，欠格事由に該当する場合は，後見人になることはできず，また後見人に就任した後に欠格事由が発生すれば当然にその地位を失います（847条）。後見を監督する機関として後見監督人をおくことができます（848条，849条）。後見監督人がいない場合は，家庭裁判所が後見事務を監督します。

　後見人は，未成年後見であれば，身上事務として監護教育を行い（857条），親権を代行します（867条1項）。その他財産上の事務を行います。

　未成年者が成年に達したり，親権を行う者ができた場合後見は終了します。また，後見人の死亡，辞任，解任，欠格事由の発生などによっても後見は終

了します。

(3) 離婚後の子供の養育・教育

　以上のように，未成年の子を監護・教育するのは，婚姻関係にある父母であるのが原則です。それでは，父母が離婚した場合，誰がどのように未成年の子を養育する責任を負うのでしょうか。

　婚姻関係の解消に伴い夫婦関係は消滅します。しかし，親子関係は切れません。そこで，離婚に際して誰が未成年の子を監護・教育するか，を決定する必要が生じます。つまり，従来共同で行ってきた親権をだれが行うかということを明らかにしなくてはなりません。

　民法上，父母が協議離婚するときは，その協議で父母の一方を親権者と定めなければなりません（819条1項）。共同で行うことは許されません。協議が調わないときは，家庭裁判所に協議にかわる審判を求めることができます（819条5項）。ただし，親権者を定めないで離婚した場合は，親権は共同行使となります。裁判離婚をするときは，家庭裁判所が父母の一方を親権者と定めます（819条2項）。子の出生前に離婚が成立した場合には，母が親権を行います（819条3項）。

　ただし，子の利益のために必要があると認めるとき，子の親族の請求により，家庭裁判所は，親権者を他の一方に変更することができます（819条6項）。

　また，父母が協議離婚をするとき，監護者を定めて子の養育に関する事務を任すことができます（766条，裁判離婚の場合も同様です。771条参照）。親権の一部を監護者に任せることにより，親権者が父母の片方になり子の心身の発育に支障をきたすのを防ぐ意味があります。なお，父母は親権者にならない方を監護者とし，子の身上監護を担当させることができます。

　それでは，親権や監護権を有しなくなる親は，子どもと会ったり，通信したりすることはできなくなるのでしょうか。いわゆる面接交渉権といわれますが，その権利は判例上認められています（最決昭59.7.6）。面接交渉のあ

り方は，夫婦の話し合いで決めることができます。協議が調わない場合は家庭裁判所の判断によることになります。

（4） 養子の養育・教育

養子縁組が成立すると，養子は縁組届出の日から養親の嫡出子たる身分を取得します（809条）。その結果，養親が未成年のときは養親の親権に服することになります（818条2項）。養子は養親の氏を名乗ります（810条）。ただし，婚姻によって氏を改めた者について，婚姻の際に定めた氏を称すべき間は，養親の氏に変わることはありません（同条但書）。養親子は互いに相続し（887条），扶養義務を負います（877条1項）。

また，縁組の効果として，養子と養親の血族との間にも親族関係（法定血族関係）が生じます（727条）。ただし，養子と実親および実方（じつかた）親族との関係に影響はありません。相続・扶養関係は実方との関係においても継続します。

親族間の扶養

家族は家庭生活を経済的に維持・安定させるために協力しなくてはなりません。夫婦は婚姻費用を分担し，親は子を養います。社会において家族は独立した単位であり，それぞれの経済状況に応じて家庭を運営します。したがって，家族を新たに形成するということは，経済的に独立することを意味します。

しかし，失業して生活に困っているとか，老齢になって経済状態に不安があるという場合に，どのように生活を維持すればよいのでしょうか。民法は，生活の単位を異にする一定の親族がこのような生計不能になった場合に，経済的援助を行う義務（生活扶助義務）を定めています。親族間の扶養は，明治民法における家制度の影響が残存する部分です。「家」制度をめぐる家族関係（たとえば，嫁しゅうとめの関係）が夫婦関係よりも重視されていまし

た。しかし，今日では，夫婦関係が家族関係の中心をなすとされていますので，小家族が独立して共同生活を送ることが前提です。では，民法上の扶養義務はどのように捉えられるでしょうか。

さらに今日，親族による扶養，つまり私的扶養の一方で公的扶養制度が発達しています。公的扶養とは，国・地方公共団体の財政的負担による扶助制度です。公的扶助は，他の手段によっては生活できない者を公の手で扶助する制度です。たとえば，憲法25条の生存権の理念にもとづいて制定された生活保護法があります。しかし補足性の原則により，私的扶助が公的扶助に先行します。しかし，実際の私的扶助の内容・範囲を確定する際には両者の関連性を考慮する必要があり，また制度の運用にあたっては，事態への迅速・柔軟な対応が図られなくてはなりません。私的扶助と社会保障制度は今日の社会においていかなる役割分担を求められるのでしょうか。また，社会保障制度はいかにあるべきなのでしょうか。

民法上の扶養は個人対個人の権利義務関係として捉えられます。したがって，扶養を必要とする者（要扶養者）による扶養義務者に対する請求を通じて実現されます。

配偶者，直系血族，および兄弟姉妹は，当然に互いに**扶養義務**を負います（877条1項）。特別の事情がある場合，家庭裁判所はこれ以外の三親等内の親族（例：おじとめい，姑と婿）に義務を負わせることができます（877条2項）。たとえば，要扶養者から以前に長期間にわたって扶養された場合などが考えられます。「特別の事情」の判断は家庭裁判所の裁量に委ねられます。ただし，範囲を広く捉えると，義務を負う親族の範囲が広くなりすぎるという問題があります。

さて民法上定められた扶養当事者による扶養が行われるためには，扶養を受ける者が自己の収入・財産では生活できないこと（要扶養状態），そして，扶養義務者に扶養する力がなくてはなりません（扶養可能状態）。扶養の具体的な内容は当事者の話し合いによって決定されます。協議が調わない場合は，家庭裁判所によることとなります（877条以下）。なお，扶養を請求する

第3章 市民社会における家族生活と法

権利は、要扶養者本人の生存保障を目的とするため、処分することはできません（このような権利を一身専属権といいます）(881条)。

扶養の内容については、扶養の順位・程度・方法を決定することになります。しかし、民法上、明確な基準はありません。扶養の順位とは、1人の要扶養者に対し、扶養可能な義務者が2人以上いる場合まずだれが扶養するか、あるいは、扶養義務者の資力が2人以上の要扶養者の全員を扶養するに足りないときだれを扶養するかという問題です。

扶養の程度に関しては、従来、夫婦・親子間の生活保持義務が自己の最低生活を割っても、要扶養者に自分と同等の生活をさせる義務があるのに対し、生活扶助に関する扶養義務者は自己の生活を犠牲にしない限度で、要扶養者に対して最低限度の生活を保障すればよいと考えられました。

しかし、今日、生活保持義務は生活扶助義務より程度が重いと解される一方、これは一応の原則にすぎず、具体的な妥当性については「扶養権利者の需要、扶養義務者の資力その他一切の事情」(879条)を考慮すべきとされています。なお、親族関係の種類と遠近、当事者の生活状態や過去の生活関係、生計不能に陥った原因などがいっさいの事情に含まれます。事情が変化した場合は、協議・審判の内容を取消・変更することになります（880条）。

扶養の方法とは、金銭を渡すのか、住居を無償で利用させるのか、義務者の1人が引き取って他の義務者が生活費の一部を負担するのかといったことです。

扶養義務者が扶養しない場合に、同順位や後順位の他の扶養義務者、義務のない第三者、あるいは公的機関が要扶養者を扶養したときには、過去の扶養料であっても本来扶養を行わなければならなかった者に対して求償することが認められています。

扶養は、経済的援助の性格をもつものであるため、とりわけ老親の扶養に関して老親が財産を持っていた場合、相続をめぐって問題が生じることがあります。

Ⅳ 人の死亡による財産の整理

法定相続

　家族生活を通じて形成・維持されてきた財産は人の死亡によりどこに帰属し，管理されるのでしょうか。このとき家族はどう関わってくるでしょうか。民法は相続法をおいてこれを定めています。

　相続とは自然人の死後にその者の財産に対する法律上の地位を法律および死亡者の最終意思に従って，特定の者に承継させることをいいます。これには法律の規定にもとづく**法定相続**と**遺言による相続**があります。遺言による相続については後に説明します。

　今日の相続は，遺された家族の生活保障，生前の夫婦財産関係の清算，取引の安全の保障，といった機能を果たしています。個人の尊重，両性の本質的平等といった戦後民法の理念，これは市民社会の基本的原理ですが相続法の規定にも影響を与えています。明治民法のもとでの長男子による財産の単独相続という形式はとられません。生活を共にした妻はつねに相続人となります。子，その他の親族に対しても遺産は均等に分配されます。

　相続は死亡により，被相続人の住所地において開始します（882条，883条）。相続を「開始する」ということは，相続の法律上の効果が生ずるということです。相続人は相続開始の時から，被相続人の財産に属したいっさいの権利義務を承継します（896条本文）。ただし，相続人が相続財産の承継を承認するかどうかは相続人の選択によります。さらに，相続人が複数存在する場合，相続財産は相続分に応じて分割されます。

　すなわち人の死を境として，その人の財産が家族に受け継がれます（**観念上の相続**）。しかし，実際に受け継ぐかどうか，だれがどのように受け継ぐかは，現実のプロセスを経て確定されます（**現実の相続**）。相続法はそのプ

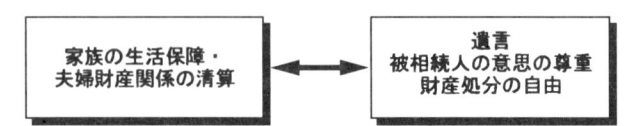

```
┌─────────────────┐
│    遺産相続      │
└─────────────────┘

┌───────────────────────────┐
│   遺産は誰のものか         │
└───────────────────────────┘

┌──────────────────┐         ┌──────────────────┐
│ 家族の生活保障・  │ ←────→ │ 遺言             │
│ 夫婦財産関係の清算│         │ 被相続人の意思の尊重│
│                  │         │ 財産処分の自由   │
└──────────────────┘         └──────────────────┘

┌───────────────────────────┐
│ 遺産を各人のものとするには  │
│ これを分配しなくてはならない│
└───────────────────────────┘
```

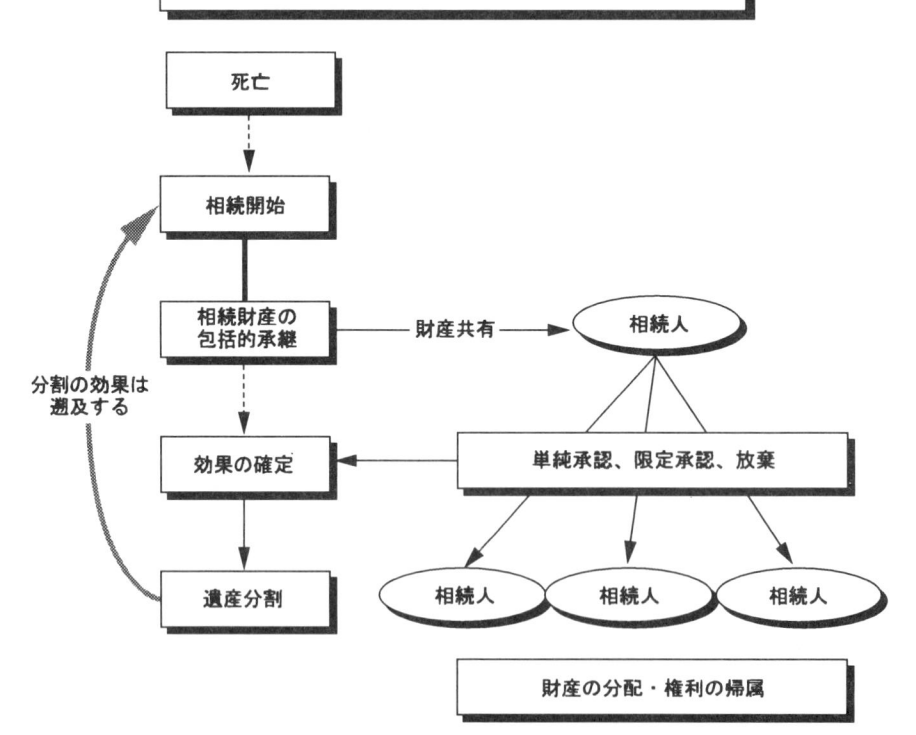

```
┌──────┐
│ 死亡 │
└──┬───┘
   ⋮
┌──────────┐
│ 相続開始 │
└────┬─────┘
     │
┌──────────┐                                  ┌────────┐
│ 相続財産の│──── 財産共有 ────────────────→│ 相続人 │
│ 包括的承継│                                  └───┬────┘
└────┬─────┘                                      │
     ⋮                                             │
┌──────────┐        ┌──────────────────────────┐
│ 効果の確定│←──── │ 単純承認、限定承認、放棄  │
└────┬─────┘        └──┬────────┬────────┬─────┘
     │                 ↓        ↓        ↓
┌──────────┐        ┌──────┐ ┌──────┐ ┌──────┐
│ 遺産分割 │        │相続人│ │相続人│ │相続人│
└──────────┘        └──────┘ └──────┘ └──────┘

  分割の効果は
  遡及する

┌────────────────────────┐
│ 財産の分配・権利の帰属 │
└────────────────────────┘
```

ロセスについて規定をおいています。

（1） 観念上の相続

❶ 相続はいつ始まるか——相続の開始——

相続の開始は死亡を原因とします。また，相続人は，相続開始の時に生存していなければなりません。したがって，被相続人と相続人が共に死亡し，死亡の先後が不明であるときは，死亡者相互間には相続は開始しません（同時死亡の推定32条ノ2）。

❷ だれが相続するか——相続人——

それではだれが相続人になるのでしょうか。これは被相続人との関係によって決定されます。血族である相続人と配偶者である相続人が相続人となります。血族である相続人には，第1に，被相続人の子とその**代襲相続人**（887条），第2に，被相続人の直系尊属（889条1項1号），第3に，被相続人の兄弟姉妹（889条1項2号）という順位が設けられています。胎児は，生きて生まれれば，相続開始の時から相続人であったこととなります（886条）。被相続人の子が死亡（もしく欠格事由の存在，廃除これらについては後に説明します）した場合には，その子（例：被相続人の孫）が，また被相続人の兄弟姉妹が死亡などにより相続権を失った場合は，その子（被相続人のおい・めい）に相続が認められます（代襲相続）。被相続人の子に限って再代襲（例：被相続人の曾孫（そうそん））が認められます（887条3項）。

❸ 相続人になれない場合——相続人と欠格事由——

ただし，本来相続人となるべき者であっても，故意に被相続人または先順位もしくは同順位の相続人を殺しまたは殺そうとして刑に処せられた者など法律上の欠格事由に該当する者は相続権を失います（891条，相続欠格）。裁判上の宣告などの手続を必要とせず，欠格の事実があれば法律上当然に相続権を失います。

また，**遺留分**（遺言による相続が法律による相続を修正する場合，遺言によって処分することのできない一定の割合をさします）を有する推定相続人

第3章　市民社会における家族生活と法

に虐待・重大な侮辱・著しい非行があったときは，被相続人の請求により家庭裁判所の調停・審判により相続権が剥奪されます（892条，相続人の廃除）。

欠格および廃除は代襲相続の原因となります。

❹　何を相続するか──相続財産と相続分──

相続財産は相続人に包括的に承継され，相続人が複数あるときは，相続財産はその共有となります（898条）。共有とは，相続財産を構成する個々の財産について相続人が共同で所有することを意味します。

各共同相続人はその相続分に応じて被相続人の権利義務を承継します（899条）。相続財産の範囲に関して，債権は原則として承継されますが，生命保険金，死亡退職金，遺族年金，香典といったものは相続の対象とはなりません。債務に関しては，身元保証債務は相続財産に含まれません。一身専属権（その人だけに帰属し他人に譲渡できない権利），たとえば扶養請求権も承継されません（896条但書）。系譜，祭具および墳墓の所有権，いわゆる祭祀財産は相続財産に含まれません（897条）。慣習にしたがって祖先の祭祀を主宰する者が承継します。

共同相続において相続人はどのような割合で遺産を承継するか，その割合を相続分といいます。相続分は，まず，被相続人の意思によって決定されます（指定相続分）。このような指定がないとき，法律の規定によって決定されます（法定相続分）。わが国の現状では，法定相続分によることが多いといえます。

(1)　子と配偶者が相続人であるときは，子は二分の一，配偶者は二分の一となります（900条1項1号）。子が複数いる場合，全員で二分の一を均分します。嫡出子と非嫡出子があれば，非嫡出子は嫡出子の二分の一となります（900条1項4号但書）。

(2)　配偶者と直系尊属が相続人であるときは，配偶者は三分の二，直系尊属は三分の一となります（900条1項2号）。

(3)　配偶者と兄弟姉妹が相続人であるときは，配偶者は四分の三，兄弟姉妹は四分の一となります（900条1項3号）。

Ⅳ　人の死亡による財産の整理

代襲相続の場合，父母などが受けるべきであったものを相続分として受けます。

（2）　現実の相続と確定プロセス
❶　相続人の意思表示——相続財産の承継——

　相続が開始されると，相続人は，その意思によって相続するか，しないかを選択することができます。相続する場合，第1に，相続の効果を全面的に承認することができます（**単純承認**）（920条）。第2に，相続の効果を相続財産を限度として責任を負うことができます（**限定承認**）（922条）。限定承認は相続人が数人あるときは，共同相続人全員が共同して行わなければなりません（923条）。相続しない場合は，相続を放棄することにより相続の効果を全面的に否定することができます（939条）。

　単純承認の場合は，被相続人の債務を含めすべての権利・義務を無条件に承継することになります。限定承認によれば，プラス・マイナスどちらが多いかが不明の場合，プラスの財産を限度としてマイナスの財産の責任を負担するため，債務超過の場合は責任範囲を相続財産に限定することができます。借金の方が多いことが明らかであるとか，プラスの財産であってももらいたくない場合，相続を放棄すれば，はじめから相続人とならなかったことにできます。

　相続の承認または放棄は，相続人が相続の開始があったことを知った時から3ヶ月以内にしなければなりません（915条1項本文）。これは相続人に相続財産の内容を調査させ，いずれを選択するかを熟慮する期間といえます。相続財産の状態が複雑で，調査その他の都合上日数を要する場合には，利害関係人または検察官の請求によって，家庭裁判所において熟慮期間を伸長することができます（915条1項但書）。3ヶ月以内に限定承認・放棄をしないでその期間が徒過したときは，単純承認したものとみなされます（921条1項2号）。その他，相続人が相続財産の全部または一部を処分したとき，あるいは，限定承認または放棄をした後でも相続財産の全部または一部を隠匿

129

し、ひそかにこれを消費し、悪意でこれを財産目録中に記載しなかったとき、単純承認をしたものとみなされます（921条1項1号・3号）。

相続の承認・放棄は家庭裁判所に申し出ることにより行われます（919条3項、924条、938条）。承認・放棄の効力は確定的であって、いったん行った承認・放棄は熟慮期間中であっても撤回することはできません（919条1項）。ただし、未成年者が法定代理人の承認を得ないで承認または放棄をした場合（4条）などには、民法総則・親族編の規定により取り消すことができます。

限定承認をした場合、これを行った者は相続財産の管理・清算を行わなくてはなりません。限定承認をした者は自己の財産と同一の注意をもって相続財産を管理しなければなりません（926条1項）。

単純承認をした場合、たとえば相続人の固有財産が債務超過であるときに、相続財産が固有財産と混合し、相続人の債権者が弁済を受けられないなど、不利益がおよぶことがあります。そこで、これを避けるため相続財産自体について清算する制度として、財産分離の規定がおかれています（941条から950条）。

❷ 相続財産の分配——遺産分割——

相続人が複数いる場合、相続が始まって共同所有となった相続財産は、相続人の持分に応じて各人に帰属させなくてはなりません。相続財産を分配する手続を遺産分割といいます。遺産分割を通じて、相続財産は各相続人の単独所有となります。

遺産分割の当事者には、相続人のほか、**包括受遺者**（990条、遺言によって相続財産を包括的に承継する者）、**相続分譲受人**（905条）、**遺言執行者**（1012条）が含まれます。

遺産分割の基準として、相続財産の種類および性質、各相続人の年齢、職業、心身の状態および生活の状況その他いっさいの事情が考慮されます（906条）。

分割の方法としては、現物分割を原則として、その他遺産の全部・一部を換価して行う価額分割、相続人の1人に現物を与え、その者に他の相続人に

対する債務を負担させる代償分割,遺産の全部・一部を相続人の全部・一部の共有とすることもできます。

遺産分割は,遺言による分割方法の指定があればそれによります(908条,指定分割)。遺言による指定がなければ,共同相続人の話し合いによります(907条1項,協議分割)。共同相続人は,遺言による遺産分割の禁止(908条)などにより分割が一定期間禁止されない限り,いつでも遺産分割を請求することができます(907条1項)。分割の割合や方法は,民法906条に従いますが,相続人の自由な意思が優先されます。仮に指定・法定相続分に従わない分割であっても有効です。

協議がうまくいかない場合,あるいは協議することができなければ,相続人の申立てにより,家庭裁判所の調停・審判による分割が行われます(907条2項,審判分割,家事審判法17条以下,調停分割)。

分割の効果は,相続開始時に遡ります。分割によって取得した各相続人の権利は,相続開始の時からそれぞれに帰属していたことになります(909条本文)。ただし,遺産分割による相続不動産の取得を第三者に対抗(自分が取得したことを第三者に主張すること)するためには登記をする必要があります(最判昭46.1.26)。また,分割前に個々の遺産を取得した(対抗要件を備えた)第三者の権利を害することはできません(909条但書)。遺産分割によって取得した財産に瑕疵がある場合,相続人は相互に担保責任を負います(911条,瑕疵担保責任)。

❸ 相続分の算定——特別受益と寄与分——

共同相続人の中に被相続人から遺贈を受けたり,生前贈与を受けた者がある場合,あるいは,被相続人の財産の維持・増加につき特別に寄与した者がいる場合,法定相続分を適用すると共同相続人の間に不公平が生ずる場合がでてきます。特別受益(903条・904条)と寄与分(904条の2)はこうした不公平を是正する制度です。

特別受益の場合,相続分の算定にあたり,相続開始時の財産の価額に特別受益である贈与の価額を加えたものが相続財産とみなされます(**みなし相続**

財産)。特別受益を遺産に持ち戻すのです。特別受益を受けた相続人は，相続分から遺贈・生前贈与の額を差し引いた額を受け取ることになります。

特別受益に該当する贈与として，結婚の際の持参金，開業資金といったものが挙げられます（903条1項）。相続人による受取りを指定した生命保険金，死亡退職金は特別受益として考慮されます。

特別受益の評価時期は相続開始時とされます。持ち戻すべき財産がこれをもらい受けた人の行為によりなくなったり，その価額に増減が加えられたとしても，贈与を受けた状態のままで存在するものとみなして評価されます（904条）。もらい受けた人の行為によらない場合，たとえば天災で家屋が滅失したような場合は加算されません。

特別受益の額が具体的相続分を超えるとき，相続分としてもらう分はありません。本来的相続分を超えて贈与を受けている場合，その超過分は返さなくてよいのです。他の共同相続人が負担することになります。また，贈与を受贈者の特別の取り分とするなど，被相続人が持ち戻しを免除する意思表示をした場合はこれに従います。その結果，遺留分を侵害された相続人には減殺請求権が与えられています（903条3項）。

寄与分とは，家業の発展に貢献した，被相続人の療養監護に努めたなど，被相続人の財産の維持・増加に寄与した者がある場合，これが補償されるよう相続分の算定に反映させる制度です。特別受益における持ち戻しとは逆に，相続開始時の財産の価額から寄与分を控除したものが相続財産とみなされます。したがって，寄与者の具体的相続分は，本来的相続分に寄与分の額を加えたものとなります。

「**特別の寄与**」には，妻の日常の家事労働，夫に対する看病は含まれません。相続人でなければ寄与者になりません。寄与分の決定は，共同相続人の話し合いによります。協議が不調に終わった場合，寄与者の請求により家庭裁判所が決定します（904条の2第2項）。決定の基準として，寄与の時期，寄与の方法および程度，相続財産の額その他いっさいの事情が考慮されます。寄与分の上限は，相続財産の価額から遺贈の価額を控除した額です（904条

の2第3項)。

❹ **相続人がいない場合の相続財産の取扱い**——**相続人の不存在**——

相続人がいるかいないか明らかでない場合に,相続財産を管理・清算する制度が相続人不存在の制度です。

家庭裁判所は利害関係人または検察官の請求により**相続財産管理人**を選任し,かつ遅滞なくその旨を公告しなくてはなりません(952条)。公告後2ヵ月以内に相続人のいることが明らかにならなかったときは,管理人は,さらに2ヵ月以上の期間を定めて相続債権者・受遺者に対して請求申出の公告を行い,申し出た者に対して弁済します(957条)。家庭裁判所はさらにその後6ヵ月以上の期間を定めて公告をし,相続人の捜索を行うが,それでも相続人が見つからなければ,法律上,相続人がいないことが確定します。

最終の相続人捜索公告の期間満了3ヵ月以内(958条の3第2項)は特別縁故者の申立てがなされてもなお,残余財産がある場合,相続財産は国に帰属します(959条)。

特別縁故者の相続財産の分与とは,相続人の不存在が確定した場合,相続財産の全部・一部を特別縁故者に与える制度です。

特別縁故者に該当する者とは,「被相続人と生計を同じくしていた者,被相続人の療養看護に努めた者その他被相続人と特別の縁故があった者」(958条の3)です。具体的には裁判所の判断によります。「被相続人と生計を同じくしていた者」として内縁夫婦,事実上の養子がこれにあてはまります。「被相続人の療養看護に努めた者」として,被相続人と生計を同じくしていなかった親族・知人などでとくに被相続人の療養看護につくした者,看護婦,付添人といった者が考えられます。

遺言による財産の処分

遺言(ゆいごん,いごん)とは,死後における身分上,財産上のことについて言い残したり,書き残したりすることです。明治民法の家制度のもとで

は，家の財産の保持，長男子による単独相続を行わしめる方法にすぎませんでした。しかし現行民法では，人のための遺言として被相続人の最終意思にもとづく財産処分の方法としての意義をもちます。遺言者の財産的な権利・義務の承継にかかわる部分を遺言による相続といいます。

(1) 遺言の性質

遺言は，被相続人の自由な最終的意思を確保し，財産処分の自由を認める制度です。遺言は，遺言者の独立の意思にもとづくことを必要とするため，代理は許されません。満15歳以上の者であれば，単独で遺言をすることができます（961条，962条）。成年被後見人でも判断能力が回復しているときには，医師2人以上の立会いを得て単独で遺言することができます（973条）。準禁治産者の遺言は，保佐人の同意を得なくとも完全に有効です（962条）。

遺言者の最終意思を確保するため，遺言の撤回の自由が認められています（1022条）。撤回は遺言によるほか，後の遺言が前の遺言に抵触するとき（1023条1項），前の遺言に抵触する生前処分その他法律行為をしたとき（1023条2項），遺言者が故意に遺言書を破棄したとき（1024条後段），遺言者が故意に遺贈の目的物を破棄したとき（1024条後段），抵触・破棄した部分について遺言は撤回されたものとみなされます。撤回の自由を確保するため，2人以上の者が同一の証書で遺言をすることはできません（975条）。

(2) 遺言の形式的要件

❶ 何を言い遺すか──遺言事項──

遺言は死後行為であるため，遺言者の最終的真意であることを明確にするため，遺言の方式を厳格に定めてあります（960条）。方式に違反する遺言は無効となります。遺言事項を法律で定める事項に限定するのは，遺された人々が過度に縛られないようにするためと考えられます。遺言事項には，家族関係に関するもの（認知（781条2項）など），および財産に関するもの（遺贈（964条），相続分の指定（902条）など）があります。遺言事項にあた

らない内容の遺言は一般に無効とされます。

❷ どのような手続によるか──遺言の方式──

遺言の方式には，**普通方式**と**特別方式**があります。普通方式には，**自筆証書遺言**（968条），**公正証書遺言**（969条），**秘密証書遺言**（970条）があります。特別方式には，**危急時遺言**（臨終遺言）として**一般危急時遺言**（976条）と**難船危急時遺言**（979条），隔絶地遺言として**伝染病隔離者遺言**（977条）と**在船者遺言**（978条）とがあります。

自筆証書遺言は，遺言者が，その全文，日付，氏名を自書し，印を押して成立する遺言です。加除訂正には，遺言者が変更の場所を指示し，これを変更した旨付記してこれに署名し，かつ変更箇所に押印しなければなりません（968条2項）。このような厳重な手続を定めるのは，遺言が間違いなく本人のものであることを確保し，偽造・変造の余地をなくすためです。

公正証書遺言は，2人以上の立会いを得て遺言者が公証人に遺言の趣旨を後述してつくる遺言です。公証人役場で作成する必要はなく，公証人の出張を求めて病床で作成することもできます（公証57条）。遺言者が署名をすることができないときには，公証人がその事由を付記し，署名に代えることができます（969条1項4号但書）。遺言の原本は公証人役場に保管されるため，偽造・変造・破棄のおそれはなく，遺言の存在・内容は明確です。しかし，遺言内容の秘密が守られないという問題があります。

秘密証書遺言は，遺言者が，自分（または第三者）が作った遺言書に署名押印し，その証書を封筒にいれ封印し，2人以上の証人の立会いのもと公証人（1人）に封書を提出する方式です。遺言の存在が明らかになるとともに，内容を秘密にしておくことができます。

なお，自筆証書の場合，証人・立会人は不要です。それ以外の方式では，証人・立会人が必要となります。証人は，遺言が真意に出たことを証明する義務を負います。立会人は，遺言作成に立会い，遺言作成を証明します。

未成年者，推定相続人，受遺者およびその配偶者ならびに直系血族，公証人の配偶者，四親等内の親族，書記および雇い人は証人・立会人になること

第3章　市民社会における家族生活と法

はできません（974条）。

　特別方式の一つである一般臨終時遺言とは，疾病その他の事由で死亡の危急に迫っている者は，証人3人以上の立会いを得て，証人の1人に対し，遺言の趣旨を口授（くじゅ）することができます。口授を受けた証人はこれを筆記し，これを遺言者と他の証人に読み聞かせ，各証人がその筆記の正確なことを承認したのち，各証人が署名押印することにより成立する遺言です（976条1項）。遺言が効力を生じるためには，遺言成立後20日以内に証人の1人または利害関係人から家庭裁判所に提出し，確認を得なければなりません（976条2項）。難船危急時遺言においても家庭裁判所の確認が必要です。特別方式の遺言は，遺言者が普通の方式によって遺言をすることができるようになったときから6ヵ月生存するときには効力を失います（983条）。

❸　遺言内容の実現プロセス──遺言の執行──

　遺言は，遺言者の死亡のときからその効力を生じます（985条1項）。遺言の効力が発生した後，遺言の内容を実現する手続を遺言の執行といいます。

　遺言書の保管者または遺言書を発見した相続人は，遺言者の死亡後遅滞なく，その遺言書を家庭裁判所に提出して検認を受けなければなりません（1004条1項）。検認とは，遺言書の偽造・変造を防止し，保存を確実にする目的でなされる手続（証拠保全手続）です。したがって，遺言書の現状をありのまま確認するだけで，遺言内容の真否・有効無効を判定するものではありません（大判大4.1.16）。封印のある遺言書は，家庭裁判所で，相続人またはその代理人の立会いのもと開封されます（1004条3項）。違反した場合は過料を課されます（1005条）。

　遺言内容の実現といっても，相続分の指定のように相続開始と同時に効力を生じるものについては遺言の内容を実現するための行為を必要としません。しかし，推定相続人の排除のように，家庭裁判所に審判を請求しなければならないものがあります。その場合，遺言の内容を実現する手続，つまり遺言の執行が必要になります。遺言の執行を要する事項として，認知遺言，特定遺贈，寄附行為遺言があります。

遺言の執行にあたっては，相続人，受贈者によることもできますが，相続人の利益に反する場合があります。執行上の種々の事務手続を伴うなどの理由から，遺言を執行するために選任されるのが遺言執行者です。遺言執行者は，遺言者に代わって遺言の内容を実現させます（1006条）。相続財産の管理，その他遺言の執行に必要ないっさいの行為をする権利義務を有します（1012条）。

遺言者は遺言で，1人または数人の遺言執行者を指定し，またはその指定を第三者に委託することができます（1006条1項）。遺言執行者がいないとき，または，なくなったときは，家庭裁判所は，利害関係人の請求によってこれを選任することができます（1010条）。未成年者および破産者は遺言執行者となることができません（1009条）。遺言執行者がその任務を怠ったとき，その他正当な事由があるときは，相続人その他利害関係人は，その解任を家庭裁判所に請求することができます（1019条1項）。

遺言執行者がある場合には，相続人は，相続財産の処分その他遺言の執行を妨害する行為をすることができません（1013条，1014条）。

（3） 遺言の実質的内容

❶ 遺言による財産処分——遺贈——

遺贈とは，その財産の全部または一部を処分する行為です（964条）。遺言による遺産処分の制度として，相続人に対する相続分の指定（902条），あるいは，遺産分割方法の指定（908条）があります。しかし，遺言の自由を実質的に具現化したのが遺贈です。遺言の大部分は遺贈により行われています。遺贈は，死後処分である点で生前贈与と異なります。遺贈によって利益を受ける者を受遺者といい，遺贈を実行すべき義務を負う者を**遺贈義務者**といいます。

受遺者（遺贈を受ける者）は，遺言の効力発生のときに生存していることが必要です。受遺者には，自然人でも法人でもなることができます。相続権のない内縁配偶者，相続分を差別された非嫡出子は受遺者となることができ

ます。胎児も受遺能力を認められます (965条, 886条)。相続欠格者は受遺欠格者となります (965条, 891条)。たとえば, 遺言書を偽造・変造した者のように受遺欠格者でありながら, その者に遺贈した場合, 欠格は宥恕（ゆうじょ）された（被相続人の意思にもとづいて欠格者を許し, 受遺者としての資格を回復させること）ものとみなされます。

遺贈義務者は原則として相続人です。包括受遺者, 遺言執行者も義務者となることができます。

遺贈には, **特定遺贈**と**包括遺贈**があります。特定遺贈は, 具体的な財産的利益の遺贈です。包括遺贈は, 遺産の全部・一部を一定の割合で示してする遺贈です。包括遺贈では, 債務も承継し, 相続人と同一の権利・義務を負います (990条)。

遺贈に負担をつけることができます。これを負担付遺贈といいます。受遺者は遺贈された財産を取得するとともに, 負担を履行すべき義務を負います。受遺者が負担を履行しないときは, 相続人は, 履行を請求することができます。さらに, 負担の不履行を理由とする取消請求権を行使できます (1027条)。受遺者が遺贈を放棄した場合は, 受益者が当然に受遺者に代わって受遺者の地位を占めることになります。

相続に承認・放棄が認められているように, 遺贈にも承認・放棄が認められます。遺贈の放棄は自由であり, 遺言者の死後, いつでも放棄することができます。ただし, 放棄に期限が付されないと, 遺贈義務者などの利害関係人の地位が不安定になることから, 包括遺贈であれば, 相続と同様, 包括遺贈があったことを知った時から3ヵ月以内に家庭裁判所で手続をとらなくてはなりません。特定遺贈に期間制限はありませんが, 利害関係人は相当の期間を定めて承認・放棄の確答を催告することができます (987条)。

❷ **遺言の自由の限界——遺留分——**

所有財産の処分は自由であり, したがって遺言の自由も無制限に認められるとすると, 相続人の生活の安定・財産の公平な分配と衝突する可能性があります。そこで, 法律上, 遺言の自由の限界として**遺留分制度**を定め, 相互

の利益対立の調整を図っています。遺留分とは，遺言によって処分することのできない遺産の一定割合をさします。遺留分を保障されることにより利益を受ける相続人を**遺留分権者**といいます。

遺留分権者は，兄弟姉妹を除く法定相続人，すなわち，配偶者，子，直系尊属です（1028条）。代襲相続人も含まれます。

遺留分率は，直系尊属のみが相続人であるときは三分の一（1028条1項），配偶者，子など直系卑属が相続人なる場合は二分の一となります（1028条2項）。この割合において，相続が開始すると財産を確保する地位を得ます。これを遺留分権といいます。後に述べる減殺請求権により，遺留分を侵害する遺贈・贈与の効力を奪うことができます。

遺留分権を相続開始前に放棄する場合，家庭裁判所の許可が必要となります（1043条1項）。被相続人により相続人に放棄を強要するのを防ぐためです。

遺留分の算定は，被相続人が相続開始の時において有した財産の価額にその贈与した財産の価額を加え，その中から債務の全額を控除して定めます（1029条1項）。つまり，

{（相続開始時に存在した財産）＋（相続開始前1年以内に行われた贈与）＋（不相当対価の有償行為）＋（特別受益としての贈与）－（相続債務）}×（遺留分率）＝（具体的遺留分）

となります。

遺留分が侵害されている場合，遺留分権者（およびその承継人）は，遺留分を保全するに必要な限度で，遺贈や一定の贈与の減殺を請求することができます（1031条，減殺請求権）。減殺の方法は，減殺する意思表示によります。

遺留分減殺請求権は，遺留分権者が，相続の開始および減殺すべき贈与または遺贈があったことを知った時から1年間これを行わないと時効によって消滅し，減殺請求ができなくなります。相続の開始から10年が経過したときにも減殺請求はできなくなります（1042条後段，除斥期間）。

第3章　市民社会における家族生活と法

Ⅴ　これからの「家族」「家族生活」と法

今日における家族の機能

　市民社会における「家族」は，すでに述べたように，共同生活の場であり，子供を養育・教育する場として機能しています。
　ところが，実際の家族，家族生活は時代とともに変化しています。たとえば，戦後，経済が回復し高度に成長する過程と現在とでは，性による役割分担に変化が見られます。今日では，父親が働き，母親が専業主婦として家事・育児・介護をもっぱら引き受けるという図式は成り立ちにくくなっています。また，成人しても親元から独立しない20代後半以降の女性が増加する現象（パラサイト・シングル）がみられます。このように共同生活のありようは変化しています。
　このことは，家族関係にもあてはまります。晩婚，非婚や高齢化による単身世帯の増加が見られます。高齢者のみの世帯も増加しています。子が成人した後に再び夫婦のみの家族構成で長期間生活することも珍しくありません。同棲や事実婚のように法律上の婚姻を前提としないカップルによる共同生活という選択も行われています。なかには，同性愛者カップルのように，夫婦の定義を根底から揺さぶる例もあります。女性が社会進出するようになり，共働き家庭が増加し，少子化が進んでいます。結婚せずに子供を生み育てるシングル・マザー，離婚による単親家庭もみられます。
　ここには，家族としての機能を果たしながら，一方で法が前提とする家族のかたちに必ずしもとらわれない家族の姿を読み取ることができます。

Ⅴ これからの「家族」「家族生活」と法

「家族生活」をめぐる法と最近の動き

　以上のような家族，家族生活のあり方は，法律上の家族に関する制度にどのような影響を与えているでしょうか。
　高齢者介護を例にとると，介護保険制度が成立し，従来家族が中心となって行ってきた高齢者介護が，人的には各種介護施設の設置，あるいは在宅サービスの提供により介護労働を外部化する枠組みが整備・充実されることとなりました。社会的な制度により家族による介護を補完することとなります。同時に，保険制度により家族の経済的負担にも配慮したものとなっています。
　高齢者の財産管理をめぐっては，民法改正，および特別法の制定により成年後見制度が新たに始まろうとしています。取引当事者として判断能力が不十分である成年者（痴ほう性高齢者など）の財産管理（身上監護）について，法定の，あるいは任意で管理者を定めるしくみです。法定後見に関しては，従来の禁治産・準禁治産制度のように，当然に配偶者が後見人・保佐人になる制度は廃止されます。
　前者は，**社会保障制度**（公的扶助）は私的扶養を補完する存在であるという従来の考え方とは異なり，社会的な制度が家族の機能を補完し，両者はむしろ並存することによって機能を果たすという位置づけとなっています。
　後者は，部分的にではありますが，家族の役割を社会の制度に移行しようとするものです。夫婦が共に高齢者となった場合などの現実に配慮しています。さらに，自己の意思決定を尊重しようとする制度であるという点では，老親扶養と相続といった問題，扶養をめぐる親族との関係などについても変化をもたらす契機となるかもしれません。
　市民社会における家族像を前提としてまた，人格の尊厳を保ちながら老後の生活を送るためにいかなる仕組みが求められるのでしょうか。

第3章　市民社会における家族生活と法

これからの「家族」,「家族生活」をめぐる法的枠組み

(1) 家族の機能変化をどう捉えていくか
❶ 家族の機能の外部化

今日,家族に求められる基本的な機能に変わりはないとしても,家族関係を背景として,現実の機能,つまり機能を果たす方法には変化がみられます。こうした家族,家族生活の変化はこれからの家族に関する制度にとってどのような意味をもつのでしょうか。

家族,家族生活が多様化する中で,集団としての家族の内部における連携が家族生活を支えるというよりは,家族の範囲の縮小,個人の生活の集合としての家族生活という側面が強まっています。このことは,家族の機能という点では,多重的な家族関係に支えられて機能していくというよりは,より簡素化された家族関係において機能を果たしていかなくてはならないことを意味します。

したがって,家族がこれまで担ってきた機能を社会に外部化することが必要な場合がでてきます。その手段は,高齢者の介護制度にみられるように社会制度化する,家事・育児労働に替えていろいろなサービスを購入する,地域社会における市民の人的交流を活用するといったように,さまざまであるといえます。

このように,家族の多様性に柔軟に対応していくためには,家族の機能を外部化しうる社会のしくみが今後いっそう大切になると考えられます。制度の改善・充実という点では,民法における家族に関する制度のみならず,より幅広く制度を捉えていくことが必要です。

❷ 家族関係の捉え方

家族関係は,家族生活,家庭環境をどう創出するかに関わります。家族生活の枠組みは制度として設定されているものの,家族生活は,市民社会一般におけるのと同様,生活における私的自治を前提としています。したがって,

V これからの「家族」「家族生活」と法

家族が日常的に生活を送る上で経済的に，また人的にどのように協力しあって生活するかを決めるのは，基本的には家族の構成員本人です。したがって，一定の枠組みのなかで，家族生活を送る個人の自由な決定に委ねられる部分は少なくありません（たとえば，婚姻に合意するとか，離婚に際して財産を分与するとか，親権者を決めるなど）。

しかし，社会全体として多様化し，個人の一生における家族生活も流動的になっているのが今日の家族であるとすれば，これまでの制度がより活用しやすいものとなるよう考えていく必要があります。

たとえば，離婚の増加という現象に照らして，もはや離婚が例外的事態ではないとすれば，婚姻中の経済関係，そして離婚する際の精算の手段，は配偶者間に公平な制度として機能しているかを見直す必要があります。また，離婚＝婚姻関係の清算ではありますが，離婚後の生活という視点からみて清算プロセスが合理的であるかを考えていかなくてはなりません。また戸籍制度のあり方も問題となります。

親子関係においても，結婚・離婚により家族関係の構築，解体が繰り返された場合に，子が養育・教育を受ける環境をいかに確保するかといった問題についても考えていかなくてはならないでしょう。

また，財産の処理，とりわけ相続が現実の家族，家族生活を適切に反映した仕組みとして機能しているかどうかも問題です。

このように，現在の民法における「家族」，「家族生活」をめぐる法を今日の現実にある家族，家族生活に適合させていくという問題のほかに，制度上認められていない者の関係を制度上どのように扱っていくか，このような者による共同生活を家族生活として法律上保護するかどうかという問題があります。

ここで考えなくてはならないのは，どのような人間関係を家族として認めるかということです。すでに述べたように，家族に関する制度は，道徳，慣習，風俗を反映します。その意味では，わが国で，たとえば同性愛者カップルに婚姻関係を認めるかどうかは，これらにもとづいてどのように判断され

るかによります。

　ただし，家族生活は，法による関係づけが行われる家族により営まれる点で，社会生活の中でも特別な意味をもっています。民法上の「家族」は，男女の性的つながり，その他の家族との血のつながり（養子も法定血族としてこれに準じます）を基礎とし，生理的な結合関係により結びついています。家族が人間のアイデンティティ，精神的・人格的な安定にとって意味をもつとすれば，家族のあり方を考える上で，こうした視点からの検討も必要となるでしょう。

（2）これからの「家族」，「家族生活」と法

　これまで見てきたように，民法における「家族」，「家族生活」をめぐる法は，旧法に見られた「家」制度の名残を部分的にとどめながらも，両性の本質的平等と個人の尊厳の尊重を理念とし，これを具体化するものとして夫婦と未成年の子からなる小家族を「家族」と把えています。そして，「家族」は現実の生活の中では経済的に，そして人的に支え合う仕組みを構成します。そして，市民の家族生活が社会全体として秩序づけられています。

　それでは「家族」を法律的に定義づけ，その関係に一定の機能・作用を認める制度に今後求められるのはどのような視点でしょうか。

　これは，結局のところ個人の私的な生活について私的自治の理念を家族の共同生活に実現する枠組みをいかに構築していくかという問題に還元されます。

　戦後民法は，旧法における「家制度からの自由」を一つのかたちにしたものです。しかし，今日の家族をめぐる現象をうけて，制度上の家族関係が，今日の家族生活における不自由につながっている側面がないか見直す必要があります。

　「家族」が一定のかたちを成し，社会の単位として特定の機能を果たすということは，社会的な秩序づけという意味で要請されるところです。しかし，家族生活は私的生活の出発点です。そのありようが私的生活，あるいはライ

V　これからの「家族」「家族生活」と法

フスタイルの選択を左右するという意味では，選択を可能にするということが今後より重要になってくると考えられます。基本的な機能を確保しながら，一方で機能の果たし方に多様性を認めていくという視点が求められます。同時に，家族の機能を補完する枠組みが社会的に整備されることも選択を実現させる条件のひとつです。

さらに，家族の人的関係そのものに意義を認めるという意味では，家族を法的な家族関係としてどのように理解していくかということにも目を向けていかなくてはならないでしょう。その際に，家族関係を結ぶということの意味を再確認する必要があります。

これからの「家族」，「家族生活」をめぐる制度には，現在の制度における理念的な家族を超える人的関係を含めて人的つながりを自由に創出し，こうした人的関係にもとづいて自由に生活環境を創出することを可能にする枠組みが求められているのです。

第4章

市民社会における国家の役割

　いま，国のあり方が問われています。行財政の改革が進行し，司法制度の見直しも行われています。
- ところで，市民社会において国は，どのような役割を果たすことが求められているのでしょうか？　国はその役割をどのような手続で果たさなければならないのでしょうか？
- 市民社会における国家は，その権力を分割し，いくつかの機関に配分し，政府を成り立たせています（権力分立制）。権力分立制と法による支配の原則とはどのような関係にあるのでしょうか？
- 権力分立制は機能してきたのでしょうか？
　考えてみましょう。

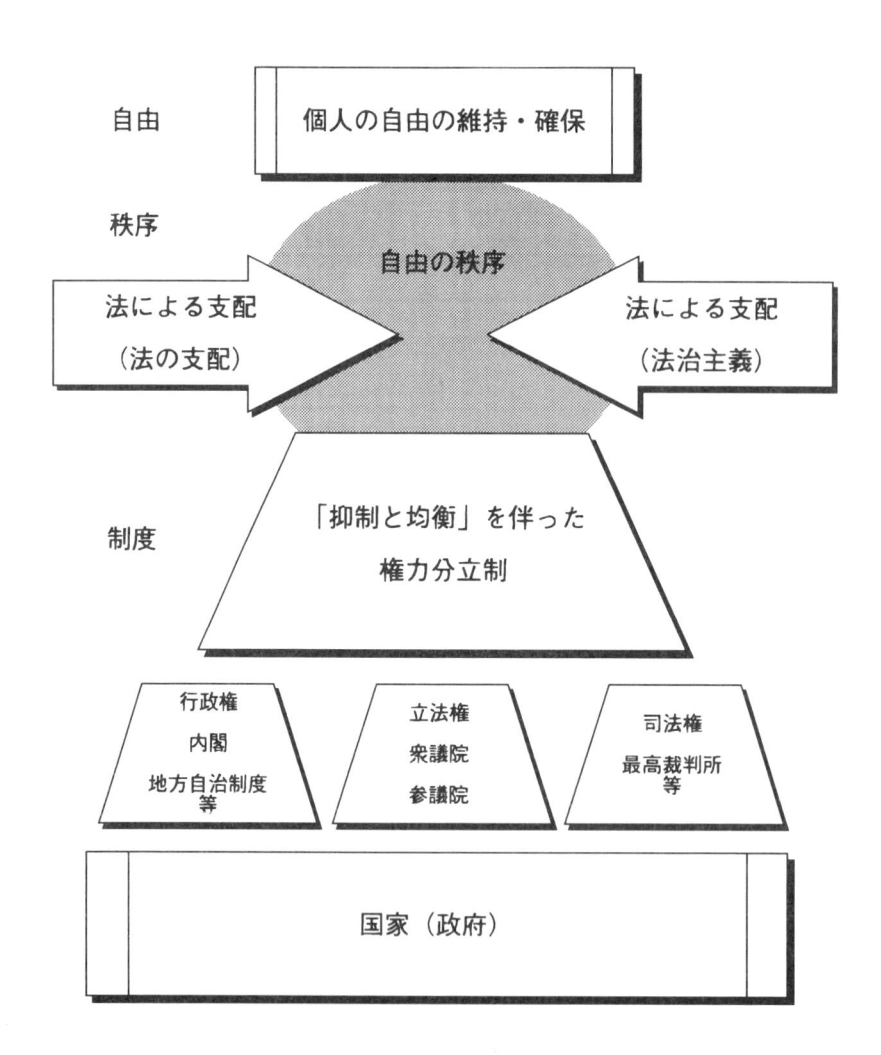

第四章　市民社会における国家の役割

自由　　　個人の自由の維持・確保

秩序　　　法による支配　　　自由の秩序　　　法による支配
　　　　　（法の支配）　　　　　　　　　　　（法治主義）

制度　　　「抑制と均衡」を伴った
　　　　　権力分立制

行政権　　　　立法権　　　司法権
内閣　　　　　衆議院　　　最高裁判所
地方自治制度　参議院　　　等
等

国家（政府）

I 「わが国における国家の在り方」を考える

わが国の問題点

　わが国は，いま，国家・社会のあり方の基本にかかわる困難な問題を多く抱えているといってよいでしょう。その中で私たち国民は，これらの諸課題に対し，どのように取り組み，21世紀の日本を切り拓いていくかについて重要な決断を迫られています。

　第二次大戦における敗戦後，わが国は新たに制定された**日本国憲法**の下で，**明治憲法**下の諸制度を変革し，新たな社会・経済制度を構築してきました。そして，わが国が敗戦という挫折を味わいながらも，戦争の廃墟からの復興，そして経済的な自立と豊かさを実現し，まさに**「経済大国」**の名をわがものとしたのです。この戦後におけるわが国の成功は，日本国憲法とその下で形成・構築されたさまざまな制度にその大部分を負っているといっても過言ではありません。

　日本国憲法の公布・施行から半世紀余りが経ちました。この間に，わが国の社会は大きく変化し，わが国をめぐる国外の状況も大きく変貌を遂げました。

　たとえば，敗戦という挫折とそれに続く復興に端を発したこの半世紀は，これまでにないほどの経済的繁栄という"資産"をわが国にもたらしました。しかし他方で，国および地方自治体が抱える**600兆円を超える財政赤字**は，**少子・高齢化**の時代に突入しつつあるわが国の"負の遺産"として将来に大きな不安を残していることも事実です。また，長年にわたる企業・産業社会の育成と助成が，国家による経済活動への介入の度を強めることとなり，その結果，企業の国家に対する依存意識や横並び意識を助長し，硬直的な取引慣行を生み出すきっかけとなってしまいました。右肩上がりの経済成長の下

で，それなりに社会に活力をもたらしてきた発想や手法，仕組みやシステムといったものが，社会が成熟し，国民の価値観が多様化した現代においては，むしろ社会の閉塞感を強め，国民の意欲をそぐ要因となっているということも指摘されています。このように戦後に形成・構築されたわが国の"制度"ないしはそれによって形作られた"秩序"が，現在必ずしも期待されたようには機能していないという状況が，あちらこちらで現れてきています。

他方，第二次大戦後から続いていた冷戦構造は，**平和主義・戦争放棄**を掲げる憲法前文・9条と関連しつつ，わが国の安全保障のあり方をめぐる深刻な対立を生み出してきましたが（もちろん9条の理解の仕方をめぐる意見の対立は，憲法上の主たる論点として依然，維持されていますが），それもソ連の解体とともに終わりを告げることになりました。もちろん，世界がこれで平和となったわけではなく，EU（欧州連合）のような**地域統合**といった動きが見られる反面，社会主義の"おもし"がとれ，**民族・宗教対立**が国家の分裂を助長し，地域的・局地的にはいまだ紛争の火種がくすぶっています。また，南北間の経済格差の問題や一国の経済をひっくり返すほどまでに力を持った国際的な資金移動に対する規制の問題など，数多くの課題が眼の前に広がっています。これらの解決のために**「経済大国」日本**が期待されている役割は決して少なくありません。このように"国際社会の中の日本"が「**名誉ある地位を占める**」（憲法前文）ためにいかなる役割を国際社会において担ってゆくべきか，という新たな問いかけを国家の役割との関わりの中で積極的に考えることが私たちに必要とされているのではないでしょうか。

行政改革会議『最終報告』

疲弊した経済，物資の窮乏そして貧困……。これらを克服するための生産力の拡大，あるいは欧米先進国へキャッチアップという目標ないしは価値の実現のために組み立てられたわが国の官僚制度そしてそれを取り巻く官民協調による社会・経済システムは，確かにこれまで効率的かつ合理的に機能し

てきたともいえます。しかし，それはあくまでも右肩上がりの成長をのぞむことができる状況下における話でした。社会が成熟化し，かつ低成長下の限られた資源の中で国家として多様な価値の追求が必要とされる現代にあっては，惰性や既得権による「理念なき配分」では，もはや国内外の環境の変化に対応した政策展開は望み得ないどころか，官庁間のいわゆる「縦割り」の弊害や官僚組織の肥大化と相まって，数々の失政，不祥事といった深刻な事態を引き起こすことにつながっていきました。

　このように肥大化・硬直化し，制度疲労のおびただしい**戦後型行政システム**の危機的な状況を受け，21世紀に向け，わが国の行政システムあり方を検討してきた**行政改革会議**は，その検討の結果を『最終報告』（平成9年12月8日）として公表しています。報告書は，徹底的な規制の撤廃と緩和を断行し，民間にゆだねるべきはゆだね，また地方公共団体の行うべき事務への国の関与を減らすことを大前提として据えつつ，行政改革のねらいを「戦後型行政システムを根本的に改め，自由かつ公正な社会を形成し，そのための重要な国家機能を有効かつ適切に遂行するにふさわしい，簡素にして効率的かつ透明な政府を実現することにある」と述べています。そのために，①内閣・官邸機能の抜本的な拡充・強化を図り，かつ，中央省庁の行政目的別大括り再編成により，行政の総合性，戦略性，機動性を確保すること，②行政情報の公開と国民への説明責任の徹底，政策評価機能の向上を図り，透明な行政を実現すること，そして③官民分担の徹底による事業の抜本的な見直しや独立行政法人制度の創設等により行政を簡素化・効率化することを目指すものとしています。

　戦後型行政システムは，国民経済の発展と社会福祉政策の充実が，個人の自由を維持・確保するための社会的条件であるとの本来の理解をどこかに置き忘れ，生活水準の向上それ自体が国家目的となること（自己目的化？）により，"**豊かな福祉国家の実現**"という美名の下，個人に対する**パターナリスティックな保護・介入**をなし崩し的に許容し，強力な管理国家（「**大きな政府**」）を作り出してきました。それと同時に国民は，自己決定や自己責任と

いった**個人の自律**を強調するよりも，**お上（国家・政府）に対する依存意識**を共有するようになりました。『最終報告』は「われわれの取り組むべき行政改革は，もはや局部的改革にとどまり得ず，日本の国民になお色濃く残る統治客体意識に伴う行政への過度の依存体質に訣別し，自律的個人を基礎とし，国民が統治の主体として自ら責任を負う国柄へと転換することに結びつくものでなければならない」としています。行政改革を実効あらしめるためには，単に制度の改変だけではいまだ足りず，主権者たる国民の意識に根ざした変革がわが国のあり方の再構築には必要であることを述べているのです。

『この国のかたち』

　故司馬遼太郎氏のエッセイ集に『この国のかたち』というのがあります。ご存知の方も多いのではないでしょうか。ある雑誌の随筆欄に連載されたものをまとめたものだそうで，わが国の歴史，思想，文化などの諸々の断片を短くも興味深いタッチでまとめられています。この本のタイトルにもなったはじまりの短い随筆「この国のかたち」で，著者はわが国における「人間や国家のなりたちにかかわる思想」とその「日本的な原形」についてペンを進めています。

　これまで私たちは「人間や国家のなりたちにかかわる」普遍的な思想を自前で展開して来なかったこと，他方で，それぞれの時代において私たちは思想をさまざまなかたちで積極的に海外に求め，また国家としての統一も「外圧」によってなされたことが指摘されています。その際——とりわけ，統一国家のつくり方において——，国をかたちづくる"しん"として考えたのは，当時の先進国隋唐から輸入した「律・令・格・式」でした。これら律令格式は法システムとか法体系を意味しています。つまり，わたしたちの祖先は，これを導入することによって国ができると考えていたのです。短絡的といえばいえなくもありません。しかし，私たちの祖先が，「国家のなりたち」について，普遍的な思想を生み出すことはなかったにせよ，統一国家を作り出

I 「わが国における国家の在り方」を考える

すのに何らかのかたちで「外圧」を必要としていたにせよ、その根本には法システムないし法体系というものが必須であることを発見し、この導入こそが国家形成の近道であると考えた点は注目すべきです。

いきなり特定の作家の書いたエッセイを持ち出したことに驚いたかもしれません。しかし、実は先ほど見た行政改革会議の報告書『最終報告』において「**この国のかたち**」というフレーズが多用されているのです。もちろん、この本のタイトルに由来することはいうまでもありません。『最終報告』の内容と合わせ読んでみると、ここで私が取り上げたエッセイの内容とは、どうも直接的な関係はないようですが、"やまとことば"で「この国のかたち」と表現されており、これは非常にいろいろな意味をイメージさせます。

司馬遼太郎が話題にしているように、「国家のなりたち」ないしは律令格式といった国家の組織・構造の基本に関する法システムの意味で「この国のかたち」を捉えることも可能です（**固有の意味の憲法・実質的意味での憲法**）。もちろん、このエッセイにおいて取り上げられているような古代国家（たとえば、大和朝廷や隋唐など）と現代における国家とでは、「国家のなりたち」も性質も異なっています。これらを区別する特質として上げられるものの一つが、「**立憲主義**」（constitutionalism）と呼ばれるものです。これは、政治権力は常に濫用される危険があるということを自覚し、自由な社会を作り出し、それを維持するという立場から、政治権力を分割・コントロールするルールに則って国家を運営していこうとする考え方です。この考え方は、**近代市民革命**を経て、**個人の自由の確保**という基本的な理解の下、国家がむやみに入り込まない**個人の自由の領域（私的領域）**の存在を認めつつ、それを尊重します（13条参照）。そして、国家の存在意義はまさにこうした個人の自由の維持・確保のためにこそあると考えます。その上で国家に対する国民の自由を権利というかたちで確認し、「立憲主義」の考え方に則って国家権力の構成とその行使のあり方を正式な文書に書き留めるようになりました（**立憲的意味の憲法・近代的意味の憲法、なお、成文憲法**）。

話が少しそれてしまいましたが、いずれにしても「この国のかたち」とは、

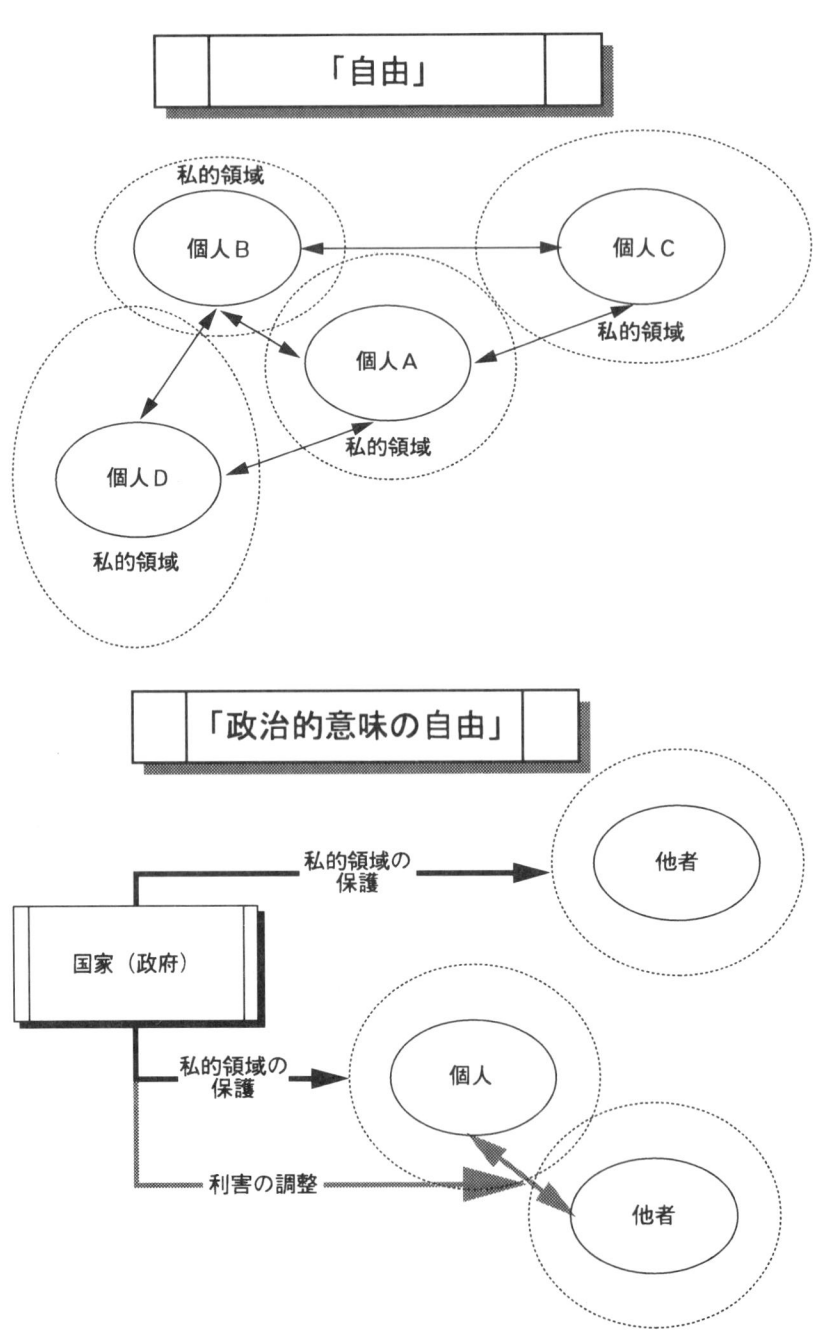

「自由」

- 私的領域
- 個人B
- 個人C
- 私的領域
- 個人A
- 私的領域
- 個人D
- 私的領域

「政治的意味の自由」

- 国家（政府）
- 私的領域の保護 → 他者
- 私的領域の保護 → 個人
- 利害の調整 → 個人／他者

国家を成り立たしめている基本的な法制度——こうした性質を持つ法を（実質的意味の）憲法と呼ぶことも多いでしょう——を中心として捉えることができるでしょう。そして，特に近代市民革命以降は，単に「国家のなりたち」や国家の組織・構造に関する基本的な法制度としてのみではなく，個人の自由の維持・確保という理念との関わりで国家制度を理解していく必要があることは，これまで見てきたとおりです。

自由・秩序・制度——本章の構想——

戦後の社会・経済システムがもたらしたわが国の成功と"負の遺産"，国内外の環境の変化がもたらしたわが国に向けられている諸課題の原因と現状，そしていま始まりつつある新たな取組みを見てきました。冒頭でも述べたとおり，いま私たち国民は，これらの諸課題に対し，どのように取り組み，そして21世紀の日本を切り拓いていくかについての決断を迫られています。

私たちに必要とされるのは，単にこれらの物事の推移を座視し，やり過ごすのではなく，現在私たちに投げかけられている問題を直視し，わが国の将来を見据えながら，真剣に思考し議論することだと思います。そして，『最終報告』もいうように「日本の国民になお色濃く残る統治客体意識に伴う行政への過度の依存体質に訣別し，自律的個人を基礎とし，国民が統治の主体として自ら責任を負う」意識を醸成することでしょう。

本章（「**市民社会における国家の役割**」）では，このような視点から，近代市民革命を経た社会（**近代市民社会**）を思考の基礎に据え，国家ないしは政府の役割を，「**自由**」，「**秩序**」および「**制度**」という三つのキー・ワードの下に検討していくことにしたいと思います。これらの検討を通じて，わが国の憲法体制が前提としている考え方や，国家（政府）の基本的な構造ないしは組織をとらえ，さらにそれらに関連する問題を検討することで，**新しい時代の"国家のあり方"**を考えていくことにしたいと思います。

第4章 市民社会における国家の役割

Ⅱ 自　　　由

「自由」という言葉

（1） 自由のイメージ

自由。何となくよい響きのする言葉ですね。でも，私たちは，この言葉を気安く使っているわりに，案外その意味を知りません。というよりも，むしろそのさまざまな使われ方に気づいた途端，いざその意味となると，あまりにありきたりで当たり前すぎて，改めて考えたり，説明したりする気にもならないでしょう。

自由という言葉がもつよいイメージゆえにさまざまな期待を込めていたのでしょうか。むかしから，私たちは自由という言葉にいろいろな意味を与えてきました。この言葉の歴史を記録したある思想史家によると，200以上におよぶ数の意味が記されているといわれています。これまで「自由」の概念それ自体が，法学においてはもちろんのこと，哲学，倫理学，心理学，政治思想といった分野において多くの論争を呼ぶ問題として取り扱われてきました。自由について，私たちが受け継ぐべき知的遺産は数限りなくあるのです。もちろん，私はここで自由という言葉の概念の歴史やその変遷をたどり，その意義を問題にしようとは思いません。市民社会における「国家の役割」を理解するために必要な「自由」の主たる側面（**政治的意味での自由**——ここでは，「国家や政府との関わりにおいての自由」との意味で捉えておいてください）を探り整理すること，それが目的です。

たとえば，私たちはこんなふうに自由という言葉を使います。「**この学校／大学は自由である**」。これは，どのようなことを意味しているのでしょうか。単に規則／校則が少ないということなのでしょうか。それとも教職員がおおらかで，生徒／学生との話合いによって授業や行事が行われたりするこ

Ⅱ 自由

となのでしょうか。教職員の考え方が独立と進取の気概に満ち，主張がリベラルであることをいっているのでしょうか。規則が少ないということにせよ，校風や教職員の気概といった雰囲気にせよ，自由があるというのは何となくよいイメージですね。なぜなのでしょう。それは，**自分を妨げるなにかがないこと**，あるいは**自分の身の回りのこと／自分に関係のあることについての選択・決定に自らが参加できるということ**が，私たちにとって何らかの価値を有しているといえるからなのかもしれません。

(2) 比喩としての「自由」

人はだんだん年をとってゆくと身体の「自由」がきかなくなってきます。近くのものが見えなくなったり，耳が遠くなったり，覚えていたはずのことがなかなか思い出せなくなったり……。ここでの自由は，物理的あるいは身体的理由で，自分が思ったとおりのことができなくなったことを指しています。また，誰かが何らかの理由で目に障害を持ち，視力を失ってしまった場合，私たちは「彼／彼女は目が不自由である」といいます。「不自由」には，どうも負のイメージが伴いがちですが，このように不可能，つまり「～することができない状態」のことを指し，一種の比喩として使うこともあります。

いずれにしても，これらに共通していえるのは，「**ある人が自らの意思に従ってこうしたいと欲したとき，それを何らかの理由で妨げられない**」ということ，これを私たちは「自由」といっているようです。

「強制」と「自由」

では，人が欲したことあるいは望んだことが「妨げられない」とは，どういうことをいうのでしょうか。たとえば，私たちは地球の引力に逆らって20メートルの高さに飛び上がることはできません（鳥ではないのですから）。目の不自由な人は視覚を通じて本を読むことはできません（もちろん，点字を通して書かれていることを理解することは可能です）。比喩や技巧が凝ら

第4章　市民社会における国家の役割

された難解な文章を理解することは至難の技です（皆さんが，この本についてそう思わないことを祈っています）。「地球の引力」，「盲目という事実」そして「おのおのの文章の理解力」，これらのためにある人が望んでいることを「できない状態」にあることには違いありません。しかし，このような状況を「（政治的）自由が奪われている」と通常いうでしょうか。先ほどの例のように比喩的に使うこともあるかもしれませんが，一般的な使われ方ではないでしょう。

　このような意味では，「ある人が自由である」ということは，単に物理的・身体的・能力的な理由で「妨げられていない」状態をいうのではなく，まず**「自らの意思に従って」自らの欲することを行いうる領域（私的・個人的な領域）**があり，それが「他人」により干渉されたり，狭められたりしないということなのです。また，その前提には，みずからの意思である特定の行為を選択し行う場合に，「他人」によりその選択そのものが支配されていないということも重要な条件です。

　「他人」によって自らの活動が「**妨げられる**」ことを私たちは「**強制（される）**」といいます。『法の精神』を執筆した**モンテスキュー**はその著書の中で，次のようにいっています。

> 「政治的自由とは，人が望むことを行うことではない。国家，すなわち，法律が存在する社会においては，自由とは人が望むべきことをなしうること，そして，望むべきでないことをなすべく強制されないことにのみ存しうる。」（モンテスキュー著，野田良之他訳『法の精神』第2部第11編第3章）

　このように，**自由と強制**とは互いに対（つい）になって語られることが多かったと同時に，自由のもっともプリミティブな意味はここにあるといってもよいでしょう。

　「**人に対し何らかの強制をするということは，その人から自由を奪うということである**」（アイザイア・バーリン）。まず，私たちはこの命題から入っ

ていくことにしましょう。

二つの自由

　自由に関する深い洞察をもって知られる**アイザイア・バーリン**は，過去および将来において自由が背負っている重要な意味／側面として**「消極的自由」**と**「積極的自由」**の二つをあげました。彼はそれらへの問いかけを次のように表現しています。

>　「自由という言葉の政治的な意味の第1は——わたくしはこれを「消極的（negative）」な意味と名づけるのだが——，次のような問いに対する答えのなかに含まれているものである。その問いとはつまり，「主体——一個人あるいは個人の集団——が，いかなる他人からの干渉をうけずに，自分のしたいことをし，自分のありたいものであることを放任されている，あるいは放任されているべき範囲はどのようなものであるか」。第2の意味——これをわたくしは「積極的（positive）」な意味と名づける——は，次のような問い，つまり「あるひとがあれよりもこれをすること，あれよりもこれであること，を決定できる統制ないし干渉の根拠はなんであるか，まただれであるか」という問いに対する答えのなかに含まれている。」（アイザイア・バーリン著，生松敬三訳「二つの自由概念」『自由論』303〜304頁）

　ここで消極的自由として描かれているのが，先に指摘した自由についてのもっともプリミティブな意味（**「他人」**からの**「強制」**がないこと）に対応しています。しかし，この消極的自由についての問いかけは，**「他人」が干渉しえない範囲を確保すること**を明言しているすぎず，その中身については必ずしも明らかにされてはいません。「他人からの自由」といったところで，保障されるべき自由について何ら解答を与えるものではありませんし，「他人」から何を守ろうとしているのか明らかにはなっていません。もちろん，誰（他人？）によって支配されることになるにせよ，この意味における自由

「他人からの強制の欠如」としての自由（消極的自由）

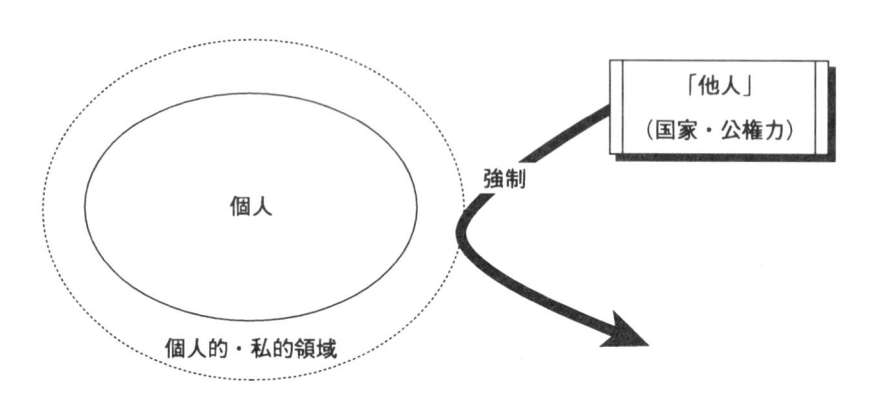

「他人」（国家・公権力）

個人

個人的・私的領域

強制

「自己支配」としての自由（積極的自由）

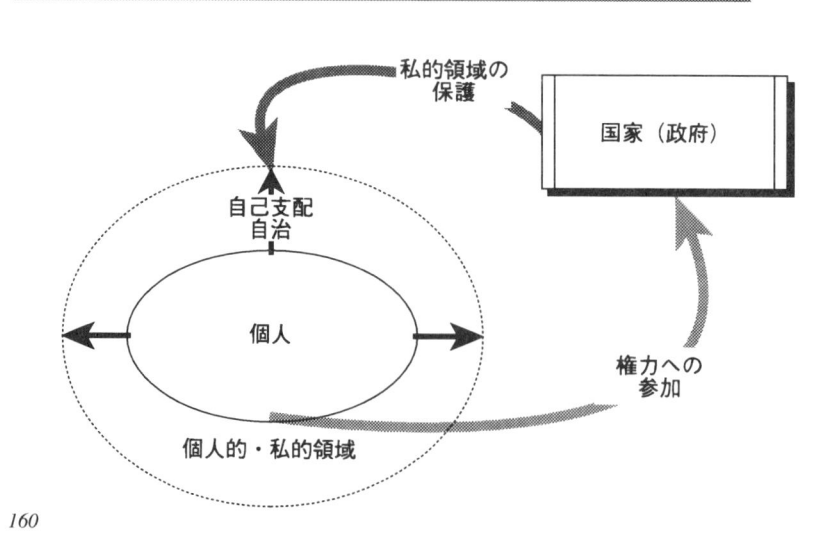

国家（政府）

私的領域の保護

自己支配・自治

個人

個人的・私的領域

権力への参加

の評価には論理的に関係ありません（封建君主や独裁者が統治していたとしても，この意味での自由は存しうるのです）。むしろ「**他人**」——本章との関連では「権力（たとえば国家権力・社会的抑圧など）」——による**支配の正当性**にかかわる問題は，**積極的自由**と関連性を有しています。権力へどのようにコミットし，それをどのように利用するかというのが積極的自由の核心です。

自由についてのもう一つの側面——**積極的自由**——は，「**自己支配**」としてその核心が表現されることが多く，「誰がわたしを支配するのか」という問題にかかわっています。

このように，消極的自由は「他人による強制がないこと」として**自由のアウトラインを**，他方，積極的自由は「**強制を行いうる他人**」の正当性根拠を示唆しています。積極的自由が「**（国家）権力への自由**」と呼ばれ，消極的自由が「**（国家）権力からの自由**」と呼ばれているのは，こうした自由の正当性の根拠に対しどのようにアプローチし，それをどのように見出すか，という問題にかかわっているのです。

「他人」とはいったい誰か？

ところで，「他人による強制がないこと」としての意義付けは，自由についての基本構造ないしはアウトラインを示すことにはなっても，その中身ははっきりしてこないということを先に指摘しました。さらに「他人」をどの範囲に認めるかという問いかけによって，自由の範囲が広げられる可能性があります。

通常，ここでいうところの「他人」は，これまでいくつかの場所で前提としてきたように，原則として「国家」あるいは「政府」といった公権力を指しています。したがって，かかる観点からは，消極的自由は公権力に対する不作為請求（～しないことを求めること）と構成することも可能です（これが基本です）。

「自由と国家(政府)」モデル

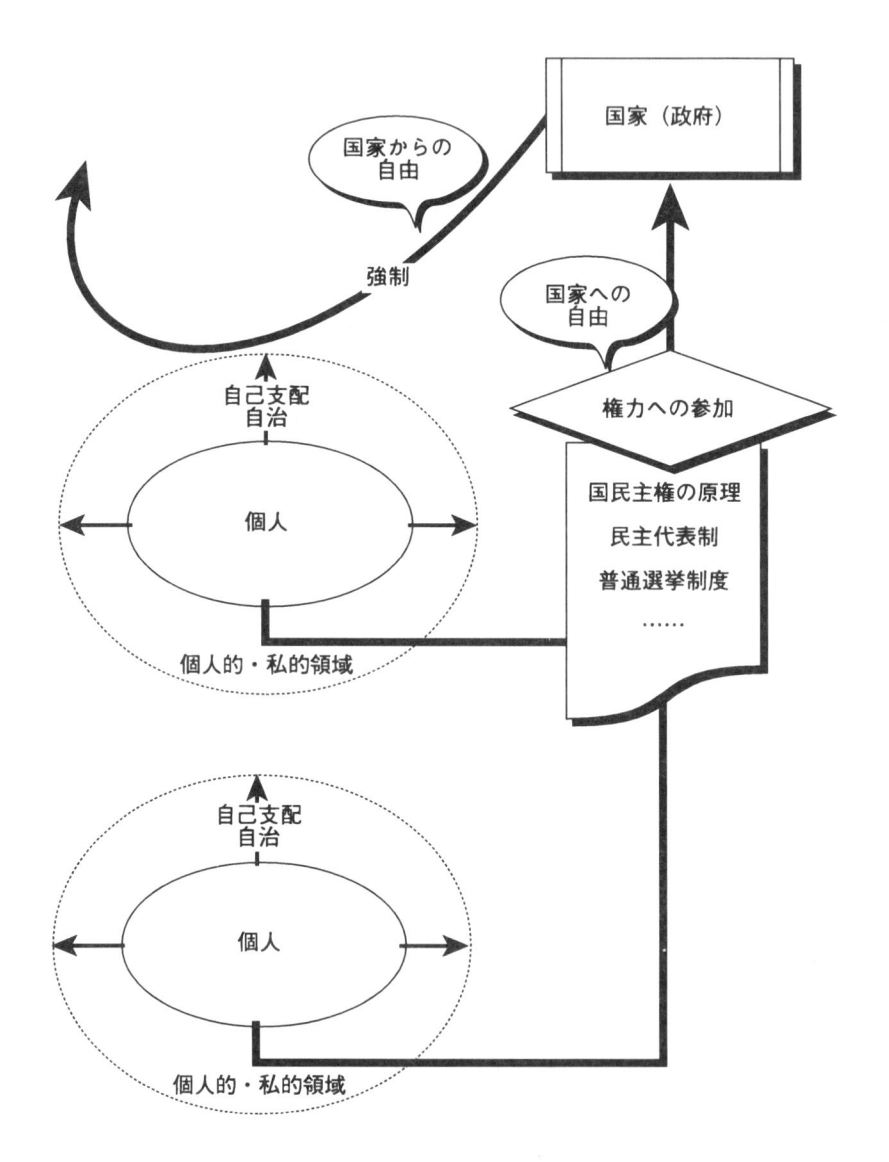

国家(政府)

国家からの自由

強制

国家への自由

権力への参加

国民主権の原理
民主代表制
普通選挙制度
……

自己支配
自治

個人

個人的・私的領域

自己支配
自治

個人

個人的・私的領域

II 自由

　しかし，支配の正当性を問題にする積極的自由においてはともかく，「他人による強制がないこと」として意義付けられる消極的自由においては，別に「他人」が公権力などに限定される必要性はありません。いくつかの側面でより広い内容を有する可能性があります。

　最狭義において，「他人」を文字通り他の「人」による恣意的な干渉／強制の意味に限定して考えてみましょう。思想家**ジャン・ジャック・ルソー**は次のような言葉を残しています。「事物の自然はわれわれを怒らせ，狂乱させはしない。ただ悪意のみがそうさせるのだ」と。人間の意図的な干渉や強制のみが自由の敵である，彼はそういうのです。たしかに，この言葉はわたしたちの直感に訴えるものがあります。ある人に一定の行為を行わせようとして，その人を何らかの方法で脅す。「恣意的」な干渉／強制により自らの判断や決定が誰かに支配されているのです。これは自由な状況にあるとはいえません。もちろん，往来で進路をふさがれ脇へ寄らざるを得なくなった場合，試験勉強のため必要な文献を図書館で借りようとしたけれども他の人に借りられていた場合，これらはいずれも厳密には「干渉／強制（された）」とはいわないことは問題ないでしょう。

　しかし，よく考えてみてみると「他人」をこの意味だけで捉えることは妥当なのでしょうか。殺人事件において殺人犯が必ずいるのと同じように，干渉者／強制者のいない不自由は存在しうるのでしょうか。現代社会は複雑さを増し，自由が制限されたと私たちが考える状況のすべてに責任者を認めることができるかといえば，それは難しいといわざるをえません。わたしたちは大きな社会システムないしは制度の中で相互に係わり合いを持ちながら生きており，特定の人に責任のすべてを負わせることができない場合が多いはずです。「自らの意思に従って自らの欲することを行いうる領域への干渉」を問題にする消極的自由においては，干渉者／強制者として他の人の存在を必ずしも前提にしていません。そう考えると，最広義において「他人」とは，著しく抽象化され，運・不運を含めた人間を囲むさまざまな社会的・経済的環境までも含むものと考えられるようになります。このとき「自由」は「わ

れわれの願望の実現に対する障害のないこと」(ラッセル)，「外部的障害のないこと」(ホッブズ)とまさに同義になってしまいます。

絡み合う2本の蔓

　先ほど，積極的自由の核心は「自己支配」であることを示しました。しかし，よく考えてみると，消極的自由への問いかけにおいて，示唆されている放任されるべき領域——**私的・個人的な領域**——においては，自らの意思である特定の行為を選択し行う場合に，「他人」によりその選択そのものが支配されていないことが前提とされていました。つまり，個人のレベルにおいては消極的自由の前提として積極的自由が関わっていることがわかります。

　また，国家や地方自治体を典型的な例とする政治的な共同体において「**自己支配**」を考えると，それは「**自治**」として現れます。わが国のように国民主権を標榜する国家において，国民の代表による多数決による民主的決定が一国の行く末を究極的には導くことになります（**代議制民主主義**）。しかし，このような多数決による民主的決定においても，放任されるべき自己決定領域への侵犯は許されず，確保されるべきであるとされます。これは，わが国を含め多くの国々における政治体制（憲法体制）が認めている基本的な考え方です（**リベラリズム**）。積極的自由の核心としての「自己支配」の正当性を民主制に求め，公権力による強制を許さない個人の領域を確保しようとする消極的自由は，一見，拮抗関係をもちつつも，相互に関わり合いながら自由を紡ぎだしているといってよいでしょう。

　このように，個人のレベルにおいても国家などのレベルにおいても，消極的自由と積極的自由は，決して別個に区別されて存在しているわけではなく，相互に密接に関わり合いを持っています。

　すこし別の視点から，消極的自由と積極的自由の関わりを見ていくことにしましょう。私は，消極的自由における「他人」について最広義に捉えると，運・不運を含む人を取り囲むさまざまな社会的・経済的環境までも含む可能

性があり、そのとき「自由」は外部的障害の欠如と同義になることを指摘しました。このように消極的自由が取り除こうとしている「障害」の捉え方いかんによっては、冒頭で比喩として「自由」という言葉が使われていた例のいくつかは、政治的自由——とりわけ積極的自由——の問題に転化する可能性を秘めています。

　たとえば、さまざまな理由でハンディキャップを背負っている人における自由の問題を考えてみましょう。わが国の憲法は、**職業選択の自由**を規定しています（22条1項）。この規定は、人は自らの従事すべき職業を決定し、その職業を行う自由があることを意味しています。これは通常消極的自由として意義付けられますから、職業の選択、決定および従事に関して公権力によって妨げられない、あるいは放任されていることを意味します。「何人も」と書いてありますから、すべての人にこの自由は付与されています。しかし、単純な肉体労働でさえ不可能な病人や目が不自由な人に、それでもなお職業選択の自由が存在するかといえば、それは無理でしょう。自由が形式的に付与されているだけでは十分ではない場合があるのです。その意味で最低限の選択肢の行使可能性は、消極的自由である職業選択の自由においても必須であるといえます。このように公権力の不介入を前提とする消極的自由においても、国家が一定の積極的な役割を必要とされる場合があるのです。消極的自由の保障を実質化するために公権力が干渉することは、自己支配として意義付けられる積極的自由によって正当化の根拠が付与されることとなるのです。

平等が意味するのはどこまでか

（1）「平等の理念」と「自由の理念」

　ハンディキャップを背負っている人の職業選択の自由を例としてあげながら、自由の付与の段階とその行使可能性の段階の結びつきを見てきました。そして、単に公権力の不介入を前提とする消極的自由においても、自由の行

第4章　市民社会における国家の役割

使可能性の保障については，公権力による一定の積極的な役割を認めないわけにはいかないということがわかりました。このとき，自由の行使条件の付与には，一見すると**平等**という理念が関わっていそうだと感じる人も中にはいるのではないでしょうか。確かにこのような側面を見出すこともできるでしょう。

しかし，自由の行使条件の付与に関して，平等の理念それ自体は「誰に対して，何故にそして何の条件を平等にするのか」という問いかけに全く答えることはできません。公権力による積極的介入の正当化のためには，やはり自由の理念（積極的自由）が必要になってくるわけです。

(2)　「機会の」・「条件の」・「結果の」平等

さて，これまで私は何のことわりもなく「条件の」平等と一定の限定をつけながら話を進めてきました。そもそも個人がどれだけ能力を生かし，それぞれの目的を達成し得たかを評価する考え方（「**機会の平等**」）は，その結果として不平等を生みだします。「**条件の平等**」とは，そうした不平等によって引き起こされた政治的・社会的緊張を解消するために導き出された考え方なのです。当然のことながら，機会の平等により生じる結果の不平等を公権力により排除するということだけではなく，積極的な措置によって自由を実現するものだといえます。

しかし，他方で注意しておかなければならないことがあります。「機会の平等」と異なり「**条件の平等**」は公権力の存在を前提としてその積極的な介入を促すものといえますから，プリミティブな意味での自由（消極的自由）との緊張を引き起こします。一つ間違えると安易で不用意な公権力の介入をもたらし，自由本来の意味である「他人による強制がないこと」を実現するためにむしろ「他人（公権力）」に依存することになるという一種の逆説的な状況に結びつくことにもなりかねません。また，「条件の平等」といってもここでいう「条件」とはいったい何か，何を達成するための「条件」なのかをつきつめて考えるとはっきりしない面も出てきます。さらに，この曖昧

さは，もう一歩進んで「**結果の平等**」の主張へと導きます。しかし，おのおのの個性や能力に応じて，自律的に自ら望ましいと考える生き方を展開し，その結果，それぞれの努力に対し正当な評価を求め得ることが自由の本質であるとすれば，公権力の徹底的かつ強力な介入を導くことになるかも知れず，本来の意味における自由とは全く縁遠いものになってしまうかもしれません。

　先ほど示唆したように，結局，平等の理念そのものは他人との比較における相対的な概念であり，入れるものによって中身が規定されるいわば"空っぽの箱"といってもよいかもしれません。以上からも明らかなように，大切なことは，平等の要素はあくまでも自由という理念を前提に展開され，かつそれに含まれて理解されるべきであるということです。

　ジャン・ジャック・ルソーは有名な著書において，自由と平等の不可分性を強調して次のようにいっています。

>「すべての人々の最大の善は，あらゆる立法の体系の究極目的であるべきだが，それが正確には，何から成り立っているかをたずねるなら，われわれは，それが二つの主要な目的，すなわち自由と平等とに帰することを見出すであろう。自由——なぜなら，あらゆる個別的な従属は，それだけ国家という（政治）体から力がそがれることを意味するから。平等—なぜなら，自由はそれを欠いては持続できないから。」（ジャン・ジャック・ルソー著，桑原武夫他訳『社会契約論』第2編第11章）

自由・市民社会・国家

　これまで見てきたように，近・現代において「自由」を語る場合，国家や政府との関係で，そして個人的・私的領域との関係で整理・理解されます（政治的自由）。

　しかし，本来，他人による強制の欠如としての「自由」は，近代において典型的に出現した国家・政府のみを「他人」として必ずしも念頭においているわけではありませんでした。「自由」を脅かす者として，近代以前におい

第4章 市民社会における国家の役割

ては封建領主の存在を考えることができますし，教会やギルド（同業組合）などのさまざまなグループ（集団）の存在も想定することができるでしょう。このように，さまざまな支配権力が複雑に絡み合い，社会のあちらこちらに分散して存在していたのが，近代以前の社会なのです。

　近代市民革命は，こうした旧来の社会秩序を破壊し，国内におけるさまざまな支配権力を国家・政府に集中させました。その結果，これまでさまざまなグループに属し，身分や階級といった特権や義務でつながれた人々を解放し，**自由・平等・独立の個人（国民）** を生み出したのです。このような個人を構成員とする社会が**「市民社会」**です。国家・政府は，さまざまなかたちで市民社会に関与し秩序付けるとともに，その中でプレーヤーとしても活動します。国家・政府が市民社会に対峙するとき，**人間の生き方・あり方に関する究極的価値**を示し先導することは原則としてありません。個人それぞれが自分の考える究極的価値を追求し実践することのできる領域——**私的・個人的な領域**——と，社会全体の利益や一国の行く末を理性的に話し合い決定する領域——**公的な領域**——とを分離し，これらがうまく機能するように権利や制度を設定するという方法をとっています。人間の生き方・あり方といった究極的価値をめぐる問題は，近代以前においてさまざまな宗派がそれぞれの教義を絶対的なものと主張し，多くの人を巻き込み多くの血が流されました。そのため，究極的価値をめぐる問題についての評価はとりあえず措き，国家・政府はこれを個人の自由ないし権利として保障する立場をとったのです。

　政教分離原則（20条），プライバシーの権利（13条），表現の自由（21条）など，わが国をはじめ，立憲主義の理念を掲げる諸国において規定されている権利・制度は，まさにこうした考え方に立脚するものだといえるのです。

Ⅱ 自　　由

国家による介入の行方——パターナリズム——

（1）　パターナリズムと自由

　本章の冒頭で指摘した戦後型行政システムは，**"豊かな福祉国家の実現"** という美名の下，国家（政府）による保護・介入を無原則に許容し，強力な国家（**「大きな政府」**）を作り出しました。その事実はすぐ前で指摘した自由に関する一種の逆説的な状況であるといえます。「他人による強制がないこと」として意義付けられる本来の意味の自由（消極的自由）は，その単純さゆえに意味のすり替えと拡大解釈により濫用が行われる危険が常に存在します。他方，積極的自由はその含みうる価値（たとえば"平等"）の複雑さと心地よい響き（たとえば"福祉"）ゆえに濫用そのものが見出しにくく，人々を誤った方向へと導きやすいといわれています。

　このことを典型的に示唆しているのが，現代における**福祉国家**の確立とその理念の浸透です。市民社会に対する近代国家の姿勢は本来，国民が選択した自らの生き方・あり方という究極的価値の問題には踏み込まず，個人にゆだねることを基本にしていました。しかし，福祉国家の理念の一般化は，市民社会を構成する自由・平等・独立の個人の諸関係に影響を与えると同時に，自由の維持・確保という基本的な理解の下で確立した**個人の領域（私的領域）** と，それに対する**国家（政府）の保護・介入**との間で一種の緊張関係を浮かび上がらせるのです。

　通常，このような問題は，**"パターナリズム"** として取り扱われます。

（2）　パターナリズムの意味と問題

　パターナリズムは，通常，**"父権温情主義"** などと訳されています。私たちの生活の現実においては，子供は両親によって家庭という私的な領域を場として養育されます。家庭内における親と子の関係は，対等な大人同士（自律的な個人）の付き合いとは大きく異なっています。子供の成長に応じて程

パターナリズム

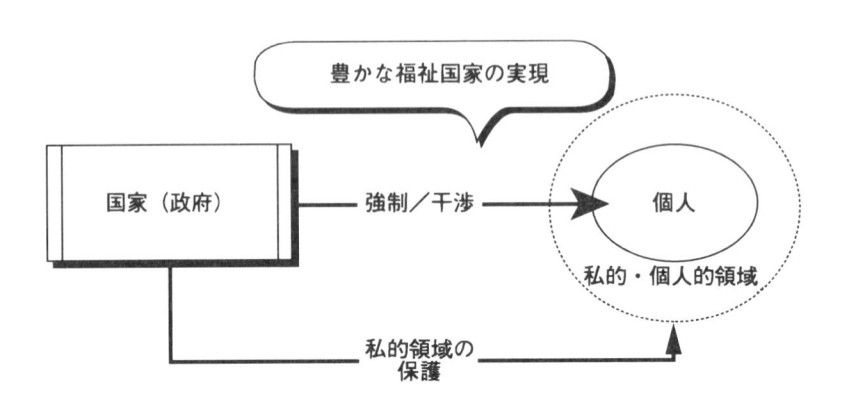

豊かな福祉国家の実現

国家（政府） —— 強制／干渉 →　個人
　　　　　　　　　　　　　　　　私的・個人的領域

国家（政府） —— 私的領域の保護 →

パターナリズムの根拠と具体例

1　本人の利益保護　⇒　未成年者保護制度
　　　　　　　　　　　　成年後見人制度
　　　　　　　　　　　　……

2　最小限のモラルの維持　⇒　公序良俗（民法90条）
　　　　　　　　　　　　　　同意殺人（刑法203・204条）
　　　　　　　　　　　　　　単純賭博の禁止（刑法185条）
　　　　　　　　　　　　　　……

3　社会・経済制度の欠陥　⇒　不当景品類及び不当表示防止法
　　　　　　　　　　　　　　利息制限法
　　　　　　　　　　　　　　借地借家法
　　　　　　　　　　　　　　……

II 自由

度の差はあるでしょうが,親は自らの信念にもとづいて子供の問題に干渉すべきであり,そうしなければそれは義務の放棄としてみなされます(第3章を参照してください)。このように両親が子供の意思とは別に子供の利益を事前に考慮し干渉します。その結果,子供本人は,何が自分の利益が不利益かの判断(自己決定)を制限されます。また,この判断のよりどころとなる子供の利益は,親が教えるものとされています。しばしば親が子供に対しいう言葉,「○○ちゃんのためを思っていっているのよ」というのは一種のパターナリズムです。このように子供の幸福のために,必要に応じて両親が権威と場合によっては力を行使する,これがパターナリズムの本来の意味です。もちろん,"父権温情主義"と訳しましたが,親と子の関係における権威と力のことですから別に「父親」に限られる必要はありません。

賢明な父親としつけられるべき未熟な子供の関係が転じて,賢明で慈しみ深い国家と保護されるべき愚かな個人との関係を意味するようになり,このような慈父としての役割を国家に演じさせることの是非が,パターナリズムの問題です。

パターナリズムは,個人に対する国家の優越性が前提になっています。つまり,国家は全能かつ知的で倫理的,したがって理性的な判断が可能であるということです。パターナリズムは,こうした前提の下で個人に対する強制/干渉を要求します。ここに,自由との緊張が生まれるのです。

パターナリズムの一番の問題は,自由(実質的意味での自由)を確保するために公権力(国家)による強制/介入に個人(国民)が頼ることになる点です。パターナリスティックな国家は支配者となり個人を搾取するのではなく,あくまでも保護者を気取ります。そして,国民は市民社会における個人が前提としている自己決定・自己責任といった自律を維持・確立するのではなしに,行政への過度の依存体質を共有し,その結果自律的個人はスポイルされてしまう可能性があります。そのことは,行政改革会議の『最終報告』でも指摘されていました。

"福祉"や"平等"は,確かに耳に心地よい響きを持っています。しかし,

第4章　市民社会における国家の役割

この美名の下に進んでいる公権力の安易で無原則な強制／介入は，市民社会における諸前提（個人の自由・平等・独立）および近年における政府の失政，不祥事といったわが国の政治家・官僚の全能性・倫理性に対する信頼の失墜を合わせ考えたとき，パターナリスティックな国家あるいはパターナリズムを原則化した国家を手放しで歓迎するわけにはいきません。むしろパターナリズムは限定的・例外的な場合に限られると考えるべきであるといえそうです。

（3）　パターナリズムの根拠

そこで，パターナリズムが正当性を有し許容される場合の根拠が問題となってきます。これまでの経緯をたどると，パターナリズムにもとづく公権力（政府）の強制／介入の例は，大きく分けて三つあります。

まず第1は，語源に比較的忠実なもので，本人の判断能力の欠如を理由に，**本人の利益保護**を目的として行われる介入があります。たとえば，未成年者（民法3条，4条1項本文），高齢者や心神喪失ないしは心身耗弱状態にある個人は，自らの利益を守るための適切な判断をすることはできません。このような場合，本人の利益を保護することが必要となります。民法上の行為能力に関する制度はこのような理由によります（制度の詳細と最近の動き（「成年後見制度」の立法動向）は，第3章を参照して下さい）。本人に正常な判断を期待できない以上，その利益を保護することは伝統的に認められてきました。

第2にあげられるものとして，**最小限のモラルを擁護する**ための強制／介入があります。愚かな行為をすることは本人のために何の利益ももたらしません。愚かな行為とはいえ，本人の自由な選択の結果なのだから「他人（公権力）」がこれを禁止する理由は見当たりません。しかし，わが国の法律は，生命や自由を個人が自由に処分することを基本的に認めていません。たとえば，人身売買や臓器売買は認められていませんし，仮にそうした契約が交わされても無効とされます（民法90条）。また，本人の同意を得た場合であっ

ても他人の生命を奪った者は殺人として処罰されます（刑法202条，203条）。このように生命や自由の放棄については，基本的に個人の自由が制限されています（なお，自殺（自殺未遂）は刑法上の罪にはなりません。このことを皆さんだったらどのように説明しますか。これは課題としておくことにしましょう）。

　他方，道徳や人倫に反する行為は，他人に迷惑をかけない場合も多く，その範囲において公権力が禁止する理由は見当たりません。被害者がいないものについてはなおさらです。しかし，このような行為は一般に人間の本来的な弱さに由来する不合理な決定によるものであり，このような決定を肯定的に評価してはいません。人間の射幸心から本人の財産を保護する単純賭博の禁止（刑法185条）を典型的な例としてあげることが可能です（公営ギャンブルや公営宝くじを合法と認めているのとは明らかに矛盾します）。その他にこのような例として，売春，ポルノそして麻薬の使用等があげられるでしょう。

　第3に，**福祉国家理念の展開と浸透**に伴って現れてきたパターナリズムがあります。これは前二者とは異なり，個人に由来するものではなく，社会・経済制度の欠陥にもとづき，その結果現れる社会的・経済的弱者を保護するための強制／介入です。たとえば，本人に合理的な選択能力があったとしても，取引上の地位が対等でないため，選択を充分に行うことができない場合が考えられます。これは，消費者と企業との間の取引においてこうした状況が典型的に現れます。企業は商品やサービスをプロとして取り扱っているわけですから，当然それらの情報については詳しいわけです。他方，消費者は生活をしていく上で多種類の商品やサービスを少量ずつ購入しなければなりません。そうなると，企業と消費者との間で商品やサービスの知識について格差が生まれます（**情報の非対称性**）。このような状況を解消する一つの方法として，個人（ここでは消費者）の判断や選択能力を改善するために，不十分な情報にもとづく取引を制限したり，不当表示を規制して，消費者の選択のために十分な情報が提供されるように促すものがあります（たとえば，

「不当景品類及び不当表示防止法」等)。もう一つの方法としては，取引上の弱者保護を目的として取引の内容に政府が直接介入するものがあります。高利を規制する利息制限法や借主を保護する借地借家法などを典型的なものとして取り上げることができるでしょう。

パターナリズムは，ともすれば自由の制限を知らず識らずのうちに伴い，個人の自由に重大な危機をもたらす可能性があることはこれまで見てきたとおりです。この批判を受け，パターナリズムにもとづく公権力(国家)の介入の根拠を個別具体的に検討する必要があるようです。

パターナリスティックな強制／介入は，限定的ないしは例外的なものに留めることを基本的な姿勢として維持しながら，第1および第3の類型においてはできるだけ本来的意味における自由(消極的自由)が制限されないようなかたちで，そして第2の類型においては，一度失ってしまうと取り戻すことができない場合(**不可逆性**)や選択をした後に修正しようと思っても自らの力では如何ともし難いような場合(**自力修正不能性**)にパターナリズムを認めていく必要があるでしょう。

もう一つの制約——公共の福祉——

(1) 基本的人権の尊重

パターナリズムとは異なった観点から，自由に対する制約の問題について見ていくことにしましょう。

個人と国家との関係を規律する憲法において，個人の自由は権利(**基本的人権**)として最大限に尊重されています(13条)。このように基本的人権を憲法において保障するということは，公権力(国家)に対してその擁護を法的に義務付け，その侵害を禁止することを意味しています。日本国憲法が，「国民は，すべての基本的人権の享有を妨げられない」(11条)とし，その永久不可侵性を宣言し(11条，97条)，同時に「生命，自由及び幸福追求に対する国民の権利については，公共の福祉に反しない限り，立法その他の国政の

上で，最大の尊重を必要とする」(13条) と定めるのは，このことを明らかにするためです。

(2) 自由に対する制約原理

他方，個人の自由ないしは権利が基本的人権として永久不可侵性を有しているからといって，その保障が絶対的なものであり，いっさいの制約が認められないということを意味しているわけではありません。あくまで個人の自由ないしは権利が不可侵としている (11条, 97条) のは，他人に害を与えない限りにおいてのみなのです(**他者加害原理**)。これを裏からいえば，パターナリスティックな強制/干渉は原則として認められません。

このことは，古く19世紀中ごろにジョン・スチュワート・ミルによって示唆されたため，**"ミルの原理"** として広く知られています。

> 「人類がその成員のいずれか一人の行動の自由に，個人的にせよ集団的にせよ，干渉することが，むしろ正当な根拠をもつとされる唯一の目的は，自己防衛であるというにある。また，文明社会のどの成員に対するにせよ，彼の意志に反して権力の行使にも正当とされるための唯一の目的は，他の成員に及ぶ害の防止にあるというにある。人類の構成員の一人の単に自己自身だけの物質的または精神的幸福は，充分にして正当な根拠ではない。ある行為をなすこと，または差し控えることが，彼のためになるとか，あるいはそれが彼を幸福にするであろうとか，あるいはまた，それが他の人の目から見て賢明であり或いは正しいことであるとさえもあるとか，という理由で，こうような行為をしたり，差し控えたりするように，強制することは，決して正当ではありえない。」(ジョン・スチュワート・ミル著，塩尻公明他訳『自由論』24頁)

ここに示されているように，この時代に考えられていた自由がプリミティブな意味での自由（消極的自由）であり，それがいまだ充分な説得性を有しつつ通用しているという事実は，現代における自由の意義とその本質を考えていく上で示唆的であるといってよいでしょう。また，「幸福は（権力行使

の）充分にして正当な根拠ではない」と述べているように,「幸福"追求"権」(13条)の思想は, 国民に幸福の権利を保障するものではなく, あくまでも幸福の内容（究極的価値）が国民各個人によって決定されるべき事柄（「各個人は自らの"善き生"の作者である」という考え方）であり, 公権力と関わりを有するのは, あくまでそのような幸福を"追求する"諸条件ないしは手段においてのみであるということを明らかにしています。つまり,**「幸福追求権」**はパターナリズムを基本的に排除し, 自らの幸福への道筋は自らの選択によるという13条前段の**「個人の尊重」**ないしは**「個人主義」**原理を確認しているともいえるのです。

(3) 制約原理としての「公共の福祉」

日本国憲法においては, それぞれの自由および権利について限界を明らかにすることはしていません。一般的に「自由及び権利は, ……常に公共の福祉のためにこれを利用する責任を負ふ」(12条)とし, さらに「生命, 自由及び幸福追求に対する国民の権利については, 公共の福祉に反しない限り……最大の尊重を必要とする」(13条)と定めているだけです。このようにあらゆる個人の自由ないしは権利が**"公共の福祉"**に従い, これが一般的な制約根拠となります。

ここでいうところの"公共の福祉"は, 二つの意味を内包しているといわれています。一つは, 個人の自由ないしは権利の共存を維持し, その矛盾や衝突においては相互の公平を配慮するいわば消極的な最小限の秩序という意味（**内在的制約**）であり, いま一つは, 消極的自由の付与の結果招来したさまざまな弊害を除去するとともに国家が個人に対し積極的に働きかけることにより, 自由を確保しようとする原理（**政策的制約**）を意味します。どちらの原理が妥当するかは, 具体的な問題とそれぞれの人権（自由・権利）との関係で理解しなければなりませんが, これらの原理のいずれもが, 二つの自由（消極的自由・積極的自由）の観念に通じていることに注目してください。

なお, 内在的制約原理と政策的制約原理はいずれも他者加害原理を出発点

としていました。そのような意味では、先に指摘した第1の類型および第3の類型のパターナリズムと直接または間接に関連性を有しています。第2の類型の一部に見られるような**自己加害行為**（単純賭博や「被害者なき犯罪」）をどのように見るかという問題があります。確かに完全に個人的・私的領域における自由の問題であり、いずれの原理をとるにしても、上のような"公共の福祉"に則ったかたちで国家の強制／介入を説明することは必ずしも容易ではありません。このような場合においては、先に若干示唆したとおり、不可逆性の存在ないしは自力修正不能である限りにおいて限定的にパターナリズムを認めるべきであるという結論が導き出されるでしょう。

―――― コラム ――――

日本国憲法における自由

これまで、自由の意義とその限界について述べていく過程で、わが国の憲法において規定されている自由・権利についても若干取り扱ってきましたが、ここで改めて自由・権利の類型化を試みておきたいと思います。もちろん、これらの類型化は見方や考え方によっていくつもの分類が可能だと思います。私は、これまで自由を中心に「市民社会における国家の役割」を議論・検討してきましたので、こういった視点からわが国の憲法における基本的人権を整理しておくことにしましょう。

私は、まず自由の二つの意義について述べました。一つは「他人による強制がないこと」を本質とする消極的自由（①）、そしていま一つは「自己支配」を本質とする積極的自由（②）です。さらに積極的自由のなかには、国家・政府の積極的介入の正当性根拠となる自由（②a）と国家意思の形成に参加する自由（②b）とがあります。

これらを分類し憲法上の権利をあてはめていくと、次のようになります。
① 消極的自由（国家に対する不作為を求める自由）
・生命、自由、幸福追求権（13条）
・法の下の平等（14条）
・思想・良心の自由（19条）
・信教の自由（20条）
・学問の自由（23条）
・集会・結社の自由、表現の自由、通信の秘密（21条）

- 職業選択の自由, 居住・移転の自由, 外国移住・国籍離脱の自由(22条)
- 財産権（29条）
- 住居などの不可侵（35条）
- 奴隷的拘束・苦役からの自由（18条）
- 法定手続の保障（31条）
- 不法な逮捕からの自由（33条）
- 不法な抑留・拘禁からの自由（34条）
- 拷問及び残虐刑の禁止（36条）
- 刑事裁判手続上の保障（37条, 38条, 39条）

② 積極的自由
a 国家・政府の積極的介入の正当性根拠となる自由
- 生命, 自由, 幸福追求権（13条）
- 法の下の平等（14条）
- 生存権（25条）
- 教育を受ける権利（26条）
- 勤労の権利（27条）
- 労働基本権（28条）
- 裁判を受ける権利（32条）
- 公の賠償請求権（17条）
- 刑事補償請求権（40条）

b 国家意思の形成に参加する自由
- 公務員選挙の原則（15条）
- 請願権（16条）

Ⅲ 秩 序

"自由な"国家・社会のイメージ

(1) 自由をめぐる三つの回答

「秩序」の話をする前に, 前節の冒頭で取り上げた例をいま一度見ること

Ⅲ 秩　　序

からはじめることにしましょう。

　私は，前に自由の用例として**「この学校／大学は自由である」**という一文を皆さんに示しました。このようにいった場合，皆さんはその学校ないしは大学に対し，どのようなイメージを持ちますか。私は，そこで三つほど可能な回答を用意しておきました。一つ目は「単に規則／校則が少ないということ」，二つ目は「教職員と生徒／学生との話合いにより運営されているということ」，そして三つ目は「教職員の考え方が独立・進取の気概に富んでいること，あるいは主張がリベラルであること」です。もちろん，他にもあるかもしれませんが，一応，ここではこの三つを前提にある特定の人間の集まり（集団）が"自由"であるということはどういうことなのか，これまでの検討を踏まえて整理してみることにしましょう。

　まず始めに「規則／校則が少ないということ」。もしかすると，いちばんこれがイメージしやすい答えだったかもしれません。大学においてはそれほどでもありませんが，小・中学校や高等学校においては「こんなことまで！？」というような奇妙なものまでありましたし，その奇妙さゆえに面白おかしく語られることも珍しくありません。この手の事柄で一番多く，典型的なのが"身なり"の問題（制服，ヘアースタイルなど）でしょう。近ごろ街中では"茶パツ"も珍しいことではなくなりましたが，「男の子は髪の毛が耳にかかってはいけない。前髪は眉より長くしてはいけない，等々」，かつて私が在籍した中学校ではこんなルールがあったことを思い出します。坊主頭を強制していた学校もあると聞いています。制服についてもいろんなルールがありました。まず，制服を着なければならないということがありますが，そのほかにも詳細にわたって規則がありました。このような規則は，いわゆる校風の問題として入学の前から知っていたり，他の学校を選択する余地があればそれほど大きな問題ではないと思います（あえてその学校を選択したのですから）。しかし，それぞれの趣味嗜好の違いはちょっと置いておいて，この問題は基本的に「放っておいてもらいたい」事柄です。このように規則／校則が少ないということは，おそらく**「干渉／強制」**が少ないとい

第4章　市民社会における国家の役割

うことであり，それだけ自由の領域は広がることになるでしょうから，消極的な意味での自由は確保されているといってよいかもしれません。

　次に「教職員と生徒／学生との話合いにより運営されているということ」。これは，授業や行事という学校生活における重要な事柄が，教職員によって押し付けられるのではなく，それらの計画や実施に生徒／学生が「話し合い」を通じて参加することができるということです。ある人はこのような事実を捉えて"**民主的**"と呼ぶかもしれません。学校における授業や行事の実施は，生徒／学生にとって重要な事柄であることはいうまでもありません。その決定をする権限がいかなる理由ないしは根拠によって正当化されうるかという問題，つまり**「自己支配」**としての積極的自由にこの考え方は関係しているといえるでしょう。

　三つ目の考え方「教職員の考え方が独立・進取の気概に富んでいること，あるいは主張がリベラルであること」はどうでしょうか。「独立・進取の気概」，「リベラル」といってもなんだか漠然としてよくわかりません（自分で例を出しておきながら無責任だとは思いますが）。いくつかの捉え方があると思います。たとえば，この学校／大学の運営が財政的に自立したかたちで運営されているとか，さまざまな政治的・社会的・経済的な圧力に屈することなく，教職員自らの信念にもとづいて教育・研究がなされていることを意味することもあるでしょう。このような"独立自尊"的校風，雰囲気を指すと理解することができれば，これは学校／大学組織の**「自治」**の問題に関連してくるでしょう。この問題は，積極的自由の核心としての「自己支配」と公権力（国家）の介入を排除し私的領域の保護（消極的自由）との両方が密接に関係してくる場面です。

　ここで用意された三つの回答は，いずれもこれまで取り扱ってきた「二つの自由」と深い関係があり，その意味で「この学校／大学」はどれも「自由である」といえそうです。

（2） 三つの仮定的事例

では，もう少し話を理論的に拡張し一般化して国家や社会が"自由である"ということはどういうことかを考えよう思います。次の三つの仮定的事例を題材に検討してみることにしましょう。

事例【Ⅰ】 人々が移動するには公道を通ることが欠かせません。でも，A国では交差点などあちらこちらに信号機があります。また，法律によってたくさんの交通ルールが事細かに規定されています。他方，B国では，信号機の数が少なく交通ルールもほとんどありません。

事例【Ⅱ】 M国では，この前クーデターが起こって，軍隊を直接統括していた参謀長が国の実権を握りました。その結果，これまで広く国民に認められていた選挙権が制限され，一定の額以上の税金を納めた人にのみ選挙権と被選挙権とを認めることになりました。他方，N国では，成年に達した者にはいずれの権利も認められています。

事例【Ⅲ】 P国では，書籍や雑誌の出版物については国民の善良な風俗を維持するために，刊行前に国（政府）がその内容をチェックし，風紀上望ましいと判断されたものに関してのみ出版が許されます。したがって，出版点数からすると決して多くはありませんが，わりあい文化的価値の高い出版物が店頭に並んでいるようです。他方，Q国では，出版社の採算の合うかぎりないしは需要が確実に望めるかぎり，あらゆる内容の出版物を大量に刊行しています。もちろん，需要が見込めるかぎり出版するわけですから，その内容は多くの人の興味を引くようなテーマ（ピンク記事，イエロージャーナリズム）があふれかえっています。

さて，皆さんはこれらの例において，どちらの国がより"自由"であると考えますか。また，皆さんにとって"自由である"か"自由でない"かを判

断する決め手はいったい何なのでしょうか。

(3) 自由の「量」？，自由の「質」？

「他人による強制がないこと」，ないしはより抽象化された「**外部的障害のないこと**」として意義付けられる消極的自由の概念は，選択可能な行為の数の多寡として捉えられることにより自由を"**量的**"問題に還元します。このように考えると，A国はB国よりも信号の数が多く，交通ルールがこと細かに規定されているので，制限された行為（交通の自由）の数という点では，一見すると，A国の方が"自由ではない"という結論になりそうです。

しかし，このような理解が妥当かどうかについて，少し考えておく必要があります。確かに，信号機や交通ルールに，行為（交通の自由）の制限といった側面を見出すことは簡単です。しかし，信号機や交通ルールは，単に行為を制限するだけではなく，行為の自由の結果生じる可能性のある衝突を事前に調整する機能を見出すことはできないでしょうか。このような衝突の調整が，行為の新たな可能性を作り出していると考えることはできないでしょうか。信号や交通ルールのない自動車社会（B国）に住む人々は，活動の自由を享受することができないと私は思います。なぜなら，繰り返される交通事故と交通渋滞のために身動きがとれず，結局，自由な活動が制限されることになってしまうからです。

ちなみに，このような規制を「**調整的規制**」と呼びます。たとえば，信号機が青色の灯火であった場合には，歩行者は直進することができますし，自動車等は直進，左折，右折することができると決められています（道路交通法施行令2条1項）。また，車両は道路の左側に寄って通行しなければならないものとされています（道路交通法18条1項）。別に，"進行"を表す信号の灯火は"青色"でなくてもよいわけですし，車両が通行するのは，"左側"でも"右側"でもどちらでもよいわけです。「どちらが正しいのか」という問題では本来的にありません。大切なのはどちらかに決まっていることなのです。このように，**大多数の人がとるような行動に合わせて自分も行動しよ**

うと大多数の人が考える状況（「調整問題状況」）においては，いずれの選択が正しいかを議論しても結論が出ず，いずれかに決まっていること，そしてこの決定に大多数の人が従っていることが大事なのです。

さて，次に参りましょう。M国はいわゆる独裁国家としての形態をとっていると考えられ，このような国においては緊急事態だとか戒厳令だとかいって，憲法や法律の適用が一時的に停止されることが多いでしょう。したがって，法に従ったまともな権力の行使が行われるとは通常思えませんが，このような独裁国家においても理論的には消極的自由の存在する余地はあります（消極的自由は，「他者による強制がないこと」ですから，統治主体がいかなる者（封建君主や独裁者）であっても，この意味での自由は存しえます）。しかし，「自治」としての積極的自由は，参政権が高額納税者のみに制限されているこの国は，N国に比べ"自由ではない"ということになるかもしれません。

このように"常識的"ないしは"一般的"には自由は存しえないという状況にありながらも，その中に自由を"わざわざ"見出しあるいは自らの要求水準を低めることによって，その状況に満足し／納得し，そうした現状を肯定する危険な傾向が私たちにはあるといわれています。**アイザイア・バーリン**が**「内なる砦への退却」**と呼んだ問題です。

> 「暴君は，わたくしの財産の破壊，投獄，追放，愛する者への死をもってわたくしを脅かす。しかし，わたくしがもはや財産に愛着を感ぜず，投獄されているか否かを意に介せず，自分の中の自然的情愛を圧殺してしまったとすれば，その暴君もわたくしをその意思にしたがわせることはできない。」（アイザイア・バーリン著，生松敬三訳「二つの自由概念」『自由論』326頁）

自らの欲望を周囲の環境に合わせて順応させてゆくことによって，内面的・私的な勝利に酔いしれ，逆に政治的な自由への欲求を消極化させてしまいます。このことは，たとえば，独占企業と消費者間の取引において見出すこ

第4章　市民社会における国家の役割

とができるかもしれません。私たちはある商品やサービスを購入するとき，できるだけ安い価格でよりよい品質のモノを買おうとするでしょう。しかし，しばしば私たちは，考えていた品質のモノが意外と高く，ほどほどの品質のモノで"お茶を濁す"ことがあります。もし，複数の企業が競争していたならば，もっと多様な品質のモノをさまざまな価格で購入することが可能であったかもしれません。また，手近なところに価格・品揃えに優れたスーパーやディスカウント・ショップがない地域で，多少割高なコンビニエンスストアや個人の雑貨屋さんで用を済ませる場合もその一例として数えられるかもしれません。

　三つ目の例へいきましょう。Ｐ国では，いわゆる「検閲」が行われています。わが国の憲法は21条2項で「検閲は，これをしてはならない」と規定していますので，このようなことが行われると当然憲法違反となります（あくまでも仮定的事例として見てください）。

　書籍・雑誌などの出版・販売活動は，一般に「思想・信条・意見・知識・事実・感情などの個人の精神活動にかかわる一切のものの伝達に関する活動の自由」（**「情報の伝達に関する活動の自由」**），つまり「表現の自由」（たとえば，21条1項）と深い関係を有しています。この意味での自由の本質は，このような国民の**「情報の伝達に関する活動」**が公権力によって妨げられないことだといえますから，一応，消極的自由として整理することが可能です。その場合，さまざまな経済的事情はあるものの，出版点数の多寡は"自由の量"を示す基準になりえます。Ｑ国と異なり，Ｐ国においては検閲といった事前抑制の結果，この出版点数の"少なさ"をはじき出しているわけですから，そのことは明白だといってよいでしょう。明らかにＱ国の方が"自由である"といえます。

　さて，他方で書籍・雑誌などの出版・販売活動について，単に「売れれば，中身はどうでもよい」ということを平気でいい，自由を謳歌する出版業界の人に対し，眉をひそめる人も少なくないかもしれません（もちろん，Ｐ国のように検閲という方法までとることを是認するかどうかは別の問題です）。

184

III 秩　　序

　このような人たちの主張を支えている考え方は,「興味本位のテーマ(ピンク記事,イエロージャーナリズム)は,まだ未成熟で影響を受けやすい青少年の目に入れるのは望ましくない」とか,「望ましいモラルや道徳が失われる」といった一種のパターナリスティックな発想があります。こうした観点からいえば,「単に自由の"量"を多くしても,それが即,望ましいといえるだろうか。社会的な影響を考えたかたちで自由の"質"を問うことが大切である」という意見もあり得ます。事実,P国においては「文化的価値の高い出版物」が店頭に並んでいるのですから。

　すこし余談になるかもしれませんが,書籍・雑誌の出版・販売活動と関連の深い「表現の自由」を保障し,それを支える意義・価値の説明として**「思想の自由市場」論**というのがあります。これは「各人が意見を自由に表明し,競争することによって,真理に到達するこができる」とする考え方です。もちろん,真理は究極において必ずしも市場で勝利を手にするとは限りませんし,現代のように,マス・メディアの市場が寡占化している状況下においては,"自由市場"といっても幻想なのではないかという疑問もあります。

　しかし,重要なのはこれが真理へ到達する機能を有しているということではなく,真理へ向かって言論の競い合う場が成立し,そして,そこに新たな意見の参入が常にあるということにむしろ注目すべきです。というのは,通常,人間は真理それ自体に興味を持っているのではなく,むしろ真理と誤謬との間の対立に強い関心をいだいている場合が多いからです。したがって,"絶対的真理"がこの市場においてすでに勝利し,超然たる地位を占めていたのでは,私たちは"つまらない"と感じるのです。むしろ「議論そのものが存在する」ということが大切です。人間の知識が不完全であり,たえず誤る可能性があり,真理を手にしている国民がいないのであれば,議論や実験によって知識への扉を常に開いておくべきであるということ,これが「表現の自由」を本質的に支えている考え方なのです。

　わが国の憲法が認め肯定しているこういった視点からは,Q国に"分がある"といえるかもしれません。しかし,"手放し"の自由にも疑問がもたれ

第4章　市民社会における国家の役割

ています。電車などのドギツイ吊り広告，どこでも誰にでも手に入れることが容易な性的・暴力的な表現があふれている書籍・雑誌・ソフト，決して深夜とはいえない時間帯に放映される"大人向け"テレビ番組，世界中を駆け巡り規制の網が届かないインターネット情報……。先ほどの"自由の質"を問題にする見解に対しても，本来的だとはいえないものの，わが国のこのような現状を目にしたとき，一定の理解を示すことも可能かと思います。

「自由"と"秩序？」それとも「自由"の"秩序？」

（1）自由の法

　これまで，私は，「学校／大学」という身近なそして誰もが一度は属したことのある組織を前提として，それが"自由"であるとは，いったいどのようなイメージかを三つの可能な回答とともに示し，検討してきました。そして，「二つの自由」という観念からこれらを評価した場合，いずれの回答も「自由」を要素として持っているということが明らかになりました。

　また，そこでなされた検討をさらに理論的に一般化し，「国家／社会」が"自由である"とはいったいどういうことかを，三つのいささか極端とも思える仮定的事例とともに皆さんに示しました。そして，私なりに検討を加えましたが，いずれの国家／社会が「"真に"自由であるか」という問いかけに対しては，決定的な答えを用意しませんでした（というよりも，「できませんでした」？）。その意味では，この問いかけは失敗したと評されても仕方がありません。

　しかし，私の真意は別のところにあります。この本の読者の皆さんが，「どっちの国家／社会が自由なのか」という問いかけではなく，わが国の憲法が認めていないような考え方を基調とする社会（たとえば，事例【Ⅱ】における独裁国家Ｍ国や事例【Ⅲ】における"検閲国家"Ｐ国）にあっても，程度の差はあれ，理論的には「自由であり得る」ということ。そして，そういった結論が，いままでの議論の延長線上で理解され承認されたとき，私の

Ⅲ 秩　　序

"真"の意図は成功したといえるのです。

　事例【Ⅰ】〜事例【Ⅲ】におけるいずれの国においても，理論的には"自由"であり得ます。しかし，事例【Ⅰ】のB国において典型的に見られるように，信号機や交通ルールの少なさ（自由の量的拡大）がかえって，交通の"不自由"を引き起こす場合もあります。これはいったい何を意味するのでしょうか。消極的自由の拡大が，何故に不自由をもたらしたのでしょうか。

　この場合，信号の青色灯火が進行を意味すること，道路を車両が通行する場合には左側を走ることといった一定のルール——通常これは「法律」という形式をとります——を決めることで，交通の"不自由"は解消します。一定の法律／ルールを定めることにより，自由が確保されます。法律／ルールと自由の間には，いったいどういう媒介項（パラメータ）が存在するのでしょうか。

（2）「秩序」の意味

　結論を先にいっておきましょう。その媒介項（パラメータ）は「秩序」です。「秩序」という言葉は堅苦しいイメージがあります。法律学でこの言葉を使うと権威主義的なイメージを与えるせいか，最近では，法律の教科書や基本書にこの言葉を見出すことが困難になったほどです。これまでの秩序という言葉の使われ方も大きくそのイメージ作りに役立っているのでしょう。たとえば，「法と秩序」といえば，国民の自由を踏みにじるときに権力者によって使われる常套句ですし，また，M国（事例【Ⅱ】）のような軍事独裁国家においては，「秩序回復」と銘打ってしばしば戒厳令が布かれます。自由のプラス・イメージに比べ，秩序という言葉にはどうしてもマイナス・イメージが付きまといます。自由と秩序は，果たして両立する観念なのでしょうか。

　まず，「秩序」という言葉を本来の意味を確かめることから始めましょう。秩序という言葉を手近な辞書で調べると，一つ目の意味として「物事の条理，物事の正しい順序・筋道」，二つ目として「社会などの規則だった関係，社会などが整った状態であるための条理」とあります。つまり，条理ないしは

第4章　市民社会における国家の役割

「正しい」といった規範的な意味でのあるべき姿を示す側面と,「規則だった関係」や「整っている状態」といった社会が安定的に推移しているという事実の側面の両方を「秩序」概念は含んでいます。もちろん,この二つの側面ないしは特質の関係は,必ずしも整合的ではなく,むしろしばしば緊張関係に立ちます。たとえば正義の追求は,しばしば現体制の批判にもつながりますし,また,誰もが不正と考える政治体制(アパルトヘイト,カースト制,多くの餓死者を出しつつもいまだ厳然と維持されつづけている独裁制)が,社会を事実上支配しつづけることもあるでしょう。

(3)　自由と秩序

　では,自由と秩序はどのような関係にあるのでしょうか。そして両者は両立し得るのでしょうか。自由の観念は人間の行動に関してみると,予見が不可能であるということ,あるいは仮に予見可能な枠組みを何らかのかたちで整えられていた場合に,それを裏切ることも自由であるということです。したがって自由は,秩序の本来的な意味である「規則だった関係」,「整っている状態」ないしは誰もが「正しい」と考えることによって組み上げられた"期待"を攪乱する要素を有しています。

　しかし,少し考えてみれば,自由は秩序の否定ではなく,秩序は自由の否定でもないことが明らかになります。何よりの証拠は,先に挙げた三つの事例です。いずれの国においても,"自由の生息地"は存在し,それぞれが比較の上では自由であろうとなかろうと,決して無秩序なのではなく,むしろそれとはほど遠い状況にあることに注目すべきです。いずれの国／社会も何らかのかたちで実効的な規律ないしは規制を有しており,それによって"秩序付けられている"といえるのです。規制が明確なかたちで見出すことができない事例【Ⅲ】のＱ国においてでさえ,「表現の自由」を保障している体制のもと,公権力は出版社による編集,出版そして販売活動に介入しそれらを妨げることはできないのです。

　このように,自由と秩序は両立可能であるどころか,一定の秩序こそが自

Ⅲ　秩　序

由を可能にするという関係にあることがわかるでしょう。つまり，自由な国／社会とそうでない国／社会とを区別するのは，単に秩序それ自体の有無によるのではなく，むしろ，その国や社会の秩序の特質・有り様の問題なのです。もちろん，どのような秩序が自由を可能とするのか，そしてその前提となり得るのかは，自由の意味に依存することになります。たとえば現代国家における消極的自由には，立憲主義的統制による政府の制限＝法によりもたらされる秩序が当然要請されることになるでしょう。他方，積極的自由が維持・確保されるためには，法にもとづく公権力の積極的介入が行われ，望ましい秩序形成がなされる必要があるのです。

　つまり，自由とは単に「どれだけ規整されているか」という「秩序の量」の問題ではなく，「どのように規整されているか」という「秩序の質」の問題に還元されます。さらにいえば，自由な国／社会とは「より少なく秩序付けられた国／社会」ではなく，「よく秩序付けられた国／社会」であるということができるのです。このように国家の存在を前提とする社会において，自由，秩序および法は密接な関連性を有しています。このことは，昔からさまざまな人によって語られているところです。

　　「法の目的は，自由を廃止または制限するのではなくして，自由を保持
　　拡大するにある。法にしたがう能力をもっている生物にとっては，どん
　　な場合にも，法のないところ，自由もまたないのだから。自由とは，他
　　人による制限及び暴力から自由であることであるが，それは法のないと
　　ころにはあり得ない。」（ジョン・ロック著，鵜飼信成訳『市民政府論』
　　第57節）

　これまで私は，さまざまな事例とともに自由について検討を加えてきましたが，それらの検討は必ずしも自由の"内容"について明確な意義を見出しているとはいえません。自由は，あらゆる場所に生息地を見出し，逞しく生き延びるコツを心得ているようです。そして，この"逞しさ"は，自由そのものがつかみ所のない融通無碍な概念であるところに起因しているように思

われます。私のこれまでの自由に対する検討は，自由の意義付けという作業よりも，むしろ，その都合しだいでいくらでも概念を操作できてしまう融通性，柔軟性を明らかにする作業であったといえるかもしれません。

　私たちは，自由の概念の検討にどこまで期待することができるのでしょうか。私たちが追い求めていた自由の意義は，自由そのものの検討によってではなく，法や秩序との関わりを検討することによって明らかになるのではないでしょうか。そして，「自由"の"法秩序」を構想することによって，自由そのものの真の理解が可能になるのではないでしょうか。

「法の支配」と「法治主義」

（1）「人の支配」から「法による支配」へ

　自由を維持・確保するためには，一定の秩序が必要不可欠です。そして，国家（政府）の下，かかる秩序を形づくるのは，法（ないしは法律）等に基礎を置く"制度"です。事例【Ⅱ】のように軍隊によって戒厳令が布かれた場合，規律は維持され，文字通り「秩序回復」となりますが，先に触れたように，それが自由を維持・確保するものかどうかは，その意味の捉え方に依存します。確かに，消極的自由は理論上存在可能でしょう。しかし，「内なる砦への退却」の危険性について留意すべきだといえますし，消極的自由はその意味の単純さゆえに意味のすり替えや拡大解釈による濫用が容易であることも繰り返し強調されるべきです。

　また，軍隊による統治は，憲法／法律の効力やその適用をしばしば停止します。そうなると一時的にではあれ，集中された権力が恣意的なかたちで行使される可能性は否定できません。政治権力が統治者の意思によって恣意的に行使されると，国民の自由は簡単に制限されることになります。このような経験的事実を踏まえ，かつ自由な社会を作り出すために，権力はあらかじめ定められた法（法律）に従って行使されることが要請されます。**法（法律）が人間の恣意に代わって社会を秩序づける，このような原理（法による**

支配）は，さまざまな政治体制の下で採用され，**「法の支配」**や**「法治主義」**と呼ばれています。なお，同じく権力の集中が自由の制限に結びつくとして，権力それ自体を分割し，コントロールすることでかかる力を制限しようとする考え方を「立憲主義」と呼ぶということも比較の上で再度確認しておく必要があるでしょう。

「法の支配」の観念にせよ「法治主義」にせよ，**人間の恣意による支配（「人の支配」）**を排除し，あらかじめ定められている法（法律）に従った公権力の行使を要求するものです。したがって，歴史的過程の中で発生したこの二つの原理は，いずれも法（法律）により権力を制限しようとする点——つまり「立憲主義」の形態をとっているという点——で共通した性格を有しているといえます。しかしながら，この両者は，かかる共通点を有しつつも，長い歴史の中でそれぞれ独自の展開を見せ，独特の性格をもつようになりました。

(2)「法治主義」

「法治主義」は，そもそも自由の保障を国家の目的と考える自由主義的国家論の影響を受け，ドイツで展開された考え方です。そのため「法治主義」は，元来自由主義的な国家"目的"を意味するものとして考えられていました。しかし，やがてその意味も国家目的の実現"手段"や"方法"に着眼して理解されるようになり，国家権力行使の"適法性"そのものを意味するように変化を遂げます。こうした変化は「国家目的を法律によって実現する国家」，さらに**「法律による行政の原理」**を要請します。

「法律による行政の原理」は，行政が国民の権利ないしは自由を侵害する場合，必ず国民の代表によって構成される議会（国会）の制定した法律に従うべきことを要求するという考え方です。まさに，この原理が法律上の手続術として確立していることが，法治国家成立の必須要件だといえます。伝統的にこの考え方には，①議会（国会）の定立した法律によってのみ国民の権利義務が確定されるということ，②いかなる行政活動においても既存の法律

に抵触してはならないということ，そして③行政活動が行われるためには，必ず法律の根拠が必要であるということ，の三つの内容を含むものとされています。

しかし，ここで見てきたように，行政が形式的に法律に従っていさえいればよいのだとすると，法律の内容しだいでは，自由の擁護としてではなく，かえって国民支配の手段となってしまうかもしれません（**形式的法治国家**）。そこで，憲法の**最高法規性**を根幹としつつ，これまでの法治国家観の再構築がなされることになりました。すなわち，従来からの「法律による行政の原理」の確立に加え，立法時における憲法秩序との統一性・整合性の確保，裁判所による**違憲審査制度**，個人の自由・権利の保障及び適正手続の保障などが導入され，法治国家に対してしばしばなされた「悪法の支配を容認する」という批判は払拭されることになりました（**実質的法治国家**）。

（3）「法の支配」

他方，「**法の支配**」は，もともと古代ギリシャにその起源を有していますが，その後，長い紆余曲折の歴史をたどりました。17世紀イギリスにおいて個人の「自由」の理念と結びつくに至り，「法の支配」はより具体的なかたちで姿をあらわすことになりました。そして，19世紀に至り，イギリスの憲法学者ダイシーは，イギリスにおける憲法の基本原理として「法の支配」をその一つにあげ，次の三つの要素からなるものとしました。①専断的権力の否定，すなわち「法の絶対的な優位」を意味しています。この原則から公権力（国家）の広範な裁量が否定されます。②法の下の平等，すなわちすべての地位，身分にある者が国の法と裁判所の裁判に服するということ。③憲法の内容を構成する諸規範（たとえば，人身の自由や集会結社の自由などの権利）が，個々の事件において私人の権利を確定した判決の結果であるということ。

こうしてみてくると，先に指摘した「**実質的法治国家**」と「**法の支配**」との違いは，定義上それほど大きなものではないようにも思えてきます。あえ

て違いを見出すとすれば,「法治主義」は, それから導かれる「法律による"行政"の原理」の面を重視し構成されているのに対して,「法の支配」は"司法"権の機能や作用の面を重視しています。そのため, 近代／現代立憲主義を語る文脈で, 行政権の機能や作用を説明するときには「法治主義」, そして司法権についての説明には「法の支配」をそれぞれ便宜的に用いるのが, 一般的となっているようです。

「法治主義」にしても「法の支配」にしても, 意味するところは同様で, 法（法律）によって立憲主義を実質化するための自由主義的理念であるといえます。これらは, さまざまな点で共通の意味を有する概念であるということは既に見てきたとおりですが, それでもなお重要な違いを有しているとの主張が近時有力になされています。この主張において,「法治主義」および「法の支配」という理念は, "秩序"形成の在り方ないしはその見方について無視しえない違いがあり, それゆえ, 一般にいわれているように単純に両概念を抽象化し融合することは妥当ではないとされます。二つの原理に対するこのような見方は, 本章が構想する「自由の秩序」に深い示唆をもたらします。

「法に従う」ということ

「法の支配」も「法治主義」も,「人間の恣意による支配」に対抗する理念として歴史上展開してきたということはこれまで見てきたとおりですが, いずれの原理においても「法」の存在が前提になっています。ここに「自由の秩序」構想において「人間の恣意」と「法」との間に一定の対立関係ないしは代替関係を見出すことができます。

では, なぜ「人間の恣意」による秩序付けよりも「法」によるそれの方が,「自由の秩序」に適していると考えられているのでしょうか。それは,「法」が法としての機能・役割を果たすために必要な諸特性を検討することで明らかになります。

第4章 市民社会における国家の役割

　「人間の恣意による支配」は"気まま"で朝令暮改的な権力の行使であり，決定・適用過程における不透明さ・不安定さを導きます。そのような支配の下では，公権力の行使についての予測が立たず，私たちが自らの生き方を自律的かつ積極的に構築していく上で重大な障害となることでしょう。

　他方，「法による支配」の下では，法（法律）によって統治する者（たとえば国家・政府）と統治される者（たとえば国民）との両方がコントロールされ，統治される者から見れば統治する者による公権力の行使を予測する根拠が提示されています。また，統治される者からみれば，自らの行動の基準としても役立っています。法がこのような特質を有するためには，法（法律）の内容が明確で，あらかじめ国民に周知されていなければなりません。もちろん，もしそれが実現不可能な事柄を要求するものであったり，相互に矛盾があったりしていたならば，私たちは何に従うべきか困ってしまい，法（法律）に従うことができなくなってしまいます。遡及法の適用も「法に従う」ための前提を欠き認められません。

　また，行政処分や判決などの個別の法規範が，すぐ上で述べたような性質を有する一般的・抽象的な法にもとづいてなされる必要があります。というのも，一般的・抽象的な法を知っていても，個々の機関（行政機関，裁判所等）が，裁量により個別の法規範を一般的・抽象的な法とは別個・無関係に創設したり執行したのでは，私たちは公権力の行使について予測が立たず，統治する者が「法に従う」こと自体の意味がなくなってしまうからです。

　このように，個人の自由の維持・確保のためには，「法」によって確保され，「人間の恣意」によっては望み得ない「予測可能性」が重要な役割を果たしているのです。

　さて，日本国憲法においてもこれまで述べてきた法の特質を見出すことができます。もちろん，実定憲法も法秩序の一部だといえますから，あえて憲法の条文からその特質を導くことはトートロジーとの指摘もあり得ます。しかし，少なくとも「法」の機能・役割，そして「法による支配」の考え方・価値が，わが国の憲法秩序に適合的であり，かつ承認されたものであること

を確認する拠り所にはなるでしょう。

　先に示した遡及法の禁止は，刑罰に関し明文の規定が存在します（39条）。また，刑罰法規の明確性（罪刑法定主義）を憲法31条が要請していることは，最高裁判所でも認められているところです。憲法，法律，政令，条約は，国民にあらかじめ周知させる手続（公布）というプロセスを経なければなりません（7条1項）。さらに憲法41条では，公権力の行使は立法府である国会が定める一般的・抽象的な法（ここでは「法律」）にもとづくことが前提とされています。

　では，これまで指摘してきたこれらの「法」の特質が，「法治主義」や「法の支配」の中でどのように展開してきたのかをみていくことにしましょう。

「法治主義」の思考とその"秩序"形成

　「法治主義」において，法は普遍性と抽象性の両方を意味するものとして理解されてきました。そして，「理性が普遍なれば，普遍的なるものこそが理性の本質である」と考えるドイツ観念哲学の影響を受け，法"そのもの"の普遍性と抽象性が導かれました。この普遍的・抽象的原則から個別の法（法律）が論理的に演繹され，体系的に構成されていきます。こうしてできた法（法律）に拘束されることによって「人間の恣意による支配」を排除し，「理性による支配」を確立しようとしたのです。ここから，法律により公権力を厳格に拘束する「法律による行政の原理」生まれました。

　「法治主義」をこのような視点から見ると，まず，普遍的理性ないしはそれにもとづく実現すべき価値がはじめにあり，これから論理的に演繹される法（法律）システムを道具として，多様な個人およびその集団を，その理念ないしは価値——これらは「公益」としばしばいわれます——の実現に向け秩序づけていこうという思考を見出すことが可能です。また，このような理性的な統治主体（国家ないしは公権力）が統治客体（国民）をトップダウン

第4章　市民社会における国家の役割

で秩序化し，一定の価値ないしは理念を実現するためには，中立的，画一的，能動的，効率的な執行組織——つまり，優秀な官僚組織——が必要になるということも指摘しておくべきでしょう。

　以上のように「法治主義」にもとづく秩序形成の在り方からは，わが国においてしばしば見られたように，紛争や害悪が発生しないように絶え間ない管理や行政的事前調査，さらには事前規制が重要視されるようになります。

「法の支配」の思考とその"秩序"形成

　「法の支配」は，司法権の作用・機能を重視しているところに「法治主義」との違いがあります。このことは，先に触れたダイシーの「法の支配」に対する理解にも現れているところです。これを現代風に再解釈すると，国民の権利や自由を何らかのかたちで侵害されたならば，その国民は相手方がいかなる地位や身分にあるものであったとしても，対等な立場で，公正な手続の保障の下，主体的に裁判過程に参加し，判決を通じて自らの権利・義務を確定する。そして，その判断は，すでに存在する法（法律，判例など）の論理的かつ合理的な推論にもとづく解釈の結果導かれる，ということです。

　したがって個別具体的な事情を考慮しつつ規範的判断が行われたとしても，その判断は「恣意的」なものと評価されることはありません。なぜなら，他の事件におけるある一定の行為を規範的に評価する場合，名宛人ないしは規律対象が，同様の事情で同様の行為をし，さらに同様の立場であったならば，同様の判断がなされることになるからです。

　他方，「法の支配」が前提としている「法」は，イギリスにおいて長い歴史の中で展開してきたコモン・ローといわれる一種の判例法であり，議会によって定立される「法律」というかたちをとっていません（もちろん，制定法がないわけではなく，むしろその意義は現代においてますます重要になってきています）。このように，イギリスにおいては判例を固有の法形成過程として独自の地位を承認してきました。一般に判例法は，あらかじめ公にさ

れた法による決定とは必ずしもいい難く，法の「予測可能性」という点からは問題がないとはいえません。しかし，このようなマイナス面にもかかわらず，具体的事実関係にもとづき，司法を場として経験的にかたち作られる法は，一定の信頼を維持しつづけていることも事実です。国民が自らの意思にもとづき司法過程に積極的に参加する権利主体として，国家や社会の秩序形成に一定の役割を果たし得ること，そして，その参加にあたっては，透明かつ適正な手続が保障されていることなどが，このシステムの信頼性を高めることに一役買っています。

　「法の支配」により秩序が形成され，自由が維持されるためには，法の形成・維持を任務とする独立の裁判所が，適正な手続にもとづいて，一つ一つの事件を解決し，「法」を形成していくことが不可欠です。このような個人の権利をキーとしてなされるボトム・アップ型の秩序形成は，その論理的帰結として事前規制よりも事後規制・事後監視が重視されることになります。この事後処理型の法システムにおいては，「法治主義」において現れがちな事前監視および事前規制などといった禁止・統制型の法形成が最小限におさえられることになり，法（法律）の適用過程の透明化が図られることになるという点も見逃すことはできません。

自由の秩序

（1）　自由・秩序・法

　これまで，私は自由の主たる側面——政治的自由——を，消極的自由と積極的自由という「二つの自由」の検討を通じ，その意義・理念・限界を明らかにしてきました。

　この区別は，その内容を見る限り，一見，互いに相異なる様相を呈し，拮抗関係にあると見れなくもありません。しかし，いくつかの例で示したように，さまざまな局面でそれらは互いに関連しながら，自由を紡ぎだしているのです。

第 4 章　市民社会における国家の役割

　このように消極的自由と積極的自由とが，個々の具体的な局面でいかなるかたちで見出し得るのか，という問いかけは，「二つの自由」の意味や理念を明らかにするのに役立ってきました。しかし，この問いかけは，国家ないしは社会が"自由"であるか否かの評価・判断とは，本来別の問題なのです。

　では，"自由な"国家ないしは社会とは，いったいどういうことなのでしょうか。私は，いくつかの仮説的事例を検討する中で，「二つの自由」という観念それ自体からはこの問題を説明することはできない，と結論付けました。そこで，私は国家ないしは社会が"自由"であるということの判断材料として，"自由以外の何か"を見出し，それを利用することにしました。その"何か"が，「秩序」であり，国家・社会における秩序形成の前提ないしは基礎ともいえる「法（法律）」です。

　まず，私は，自由と秩序の関係を対立するものとして理解するのではなく，両立可能なものとして，いやそればかりではなく，一定の秩序こそが自由を可能にするという関係を示し，自由とは一定の秩序の特質・在り方であるということを確認しました。つまり，構成員（国民）が"自由である"か否かの評価・判断を，国家あるいは社会との関係で理解するならば，それは秩序それ自体の有無にあるのではなく，むしろその国や社会の秩序の特質ないしは在り方——すなわち「いかによく秩序付けられているか」——に関わる問題であると理解します。また，このような「秩序付け」の問題は，国家（政府）の存在を前提とする社会においては法（法律）と密接な関連性を有しており，場合によってはこれに還元されるといっても過言ではありません。

　このように，自由が，法や秩序とどのような関わりを有しているかを検討することによって，自由の輪郭が明らかになってくると同時に，ここに示したように国家（政府）を前提としながら「自由の秩序」を構想することによって，自由そのものの真の理解が可能になるのではないかと思われるのです。

　では，"自由"実現のために，法はどのように機能し，どのような役割を果たすのでしょうか。また，法はどのようにして「自由の"秩序"」を織り

なしていくのでしょうか。

　法は，国家（政府）が国民の自由や権利を侵害するような方法で権力を不当に行使することがないように，その行動を制限する規範としての役割を果たしています（**法の「制限規範性」**）。他方，法は，国家（政府）権力の行使に正当性を付与しています（**法の「授権規範性」**）。この二つの法の役割ないしは機能に，「二つの自由」を読み取ることも可能です。これは単なる偶然ではなく，むしろ，法と自由の密接な関係を示唆するものといってもよいでしょう。すなわち，法による公権力の制限は，公権力を「他人」と見ることで**「他人からの強制がないこと」**をその本質とする消極的自由に通じています。また，法によって授権される正当な公権力の行使は，法の正当性が国民のコンセンサスに由来している民主政国家において，**「自己支配」**ないしは**「自治」**をその本質とする積極的自由と深い関連性を有しています。

（2）　法による秩序形成

　法におけるこのような機能・役割，そして法における自由との密接な関連性を前提として，人類は自由へと導く二つの秩序形成原理を経験的に見出してきました。ひとつは「法の支配」であり，いまひとつは「法治主義」です。これらは，いずれも自由主義的な国家観に由来する原理であり，立憲主義の一形態として理解することができます。しかし，それぞれの「法」のとらえ方，前提としている思考や発想，そして秩序の形成プロセスといった面でそれぞれ異なった特徴を有しています。

　「法治主義」においては，「人間の恣意による支配」に代えて「社会構成員の意思＝理性による支配」の確立を試みます。ここで描かれる理性的主体は，統治主体である国家であり公権力です。この理性的統治主体が，統治客体たる国民を秩序付け，望ましい理念や価値の実現を図ります。したがって，この原理による秩序形成プロセスにおいては，紛争や害悪をあらかじめ防止するように事前調査を行うなど事前規制が重視されます。

　他方，「法の支配」においては，司法を場として経験的に形成される判例

第4章　市民社会における国家の役割

法によって，国民が，自らの意思にもとづき積極的に裁判過程に参加し，国家や社会の秩序形成に一定の役割を果たします。また，その参加にあたって，透明かつ公正な手続が保障されています。このような個人の権利をキーとしてなされる秩序形成においては，その帰結として事前規制よりも事後規制・事後監視が導かれます。

（3）　秩序形成原理と国家のあり方

　私は，これまで検討してきた両原理のいずれかを妥当とし，わが国の秩序形成原理として，どちらか一方を選択すべきであるということを主張する気は毛頭ありません。むしろ，人類が経験的に見出してきた二つの原理の検討を通じ，自由と法が一体どのような関係を保ちながら秩序を形成してきたかということに関心があるのです。というのも，国家（政府）の存在を前提としつつ「自由の秩序」を構想することこそが，真の自由の現実的理解に近づく鍵であり，本章のタイトルにある「国家の役割」を確定する一つのよりどころでもあるからなのです。

　ところで，すでに皆さんは気づいておられるかもしれませんが，本章の冒頭で指摘した現在わが国が直面する諸問題——とりわけ「戦後型行政システム」が残した負の遺産——は，まさに「法治主義」による秩序形成が行き着く先の状況に酷似しています。

　しかし，日本国憲法を中心とする戦後確立された法システムは，英米法的な発想にもとづいて立案されたものだったはずです。また，プロイセンの憲法をモデルとし大陸法的発想を背景とする大日本帝国憲法（明治憲法）の「法治国家」原理から，英米法的発想を背景とする日本国憲法の「法の支配」原理への転換だったはずです。日本国憲法において，①司法権に対する尊敬と信頼，②基本的人権の尊重，③最高法規性，④適正手続の保障等が現れているのは，「法の支配」原理への変更を真正面から認めた証拠であるといわれています。わが国では，戦後憲法において高らかに謳われた「法の支配」が，原理として必ずしも定着せず，明治以来の「法治主義」が，福祉国

Ⅲ　秩　　序

家理念の浸透に伴う行政需要の増大と相まって，再び頭をもたげてきたといえそうです。

　さまざまな改革がなされているわが国の現状を鑑みると，これまでの行政システムについての反省が大勢を占め，「法治主義」による秩序形成は，いまでは「法の支配」によるそれよりも「分が悪い」ことは確かなようです。わたしも，本章の冒頭を含め，これまで折に触れ戦後型行政システムの"功"よりも"罪"の面をつとに強調してきました。

　もちろん，「法の支配」による秩序形成にも弱点はあります。たとえば，高度に発達した科学技術は，さまざまな危険を内包していると同時にわずかな弾みでその危険がさらに拡大する可能性を秘めています。このことは，高度に発達し情報化された経済システムにおいても同じことがいえます。このような起こり得る危険を適切に除去するには，事前規制型の法システムが要請されることとなるかもしれません。

　いずれにしても，これは二者択一の問題ではありません。その証拠にそれぞれの原理が意味していること（定義的意味）は，いまや同じであるというのが定説です。さらに，両原理の究極的目的は，まさに**自由主義的理念（リベラリズム）**――端的にいえば，**国民の自由の維持・確保**――なのです。ここで指摘したのは，それらの秩序形成プロセスないしはあり方の違いであり，両原理から論理的に導き出される国家（政府）の役割に対する思考や発想，さらには姿勢の違いなのです。

　確かに本章の冒頭では，皆さんの問題意識や関心を煽ろうという考えのもと，多少偏った議論をしたことは否めませんが，私たちがいま拠って立っているこれまでの行政システムを，「自由」を主軸に根本的に問い直すことによって，これからの国家システムの在り方を改めて考えてみようというのが，本章の真の意図なのです。

第4章 市民社会における国家の役割

Ⅳ　制　　　度

権力分立制の出自

　「自由の秩序」を実現し，私たちの自由の維持・確保を目的として経験的に見出されてきた原理が，「法の支配」であり「法治主義」です。そして，この二つの原理の制度的な基礎として，一般に理解されているのが**「権力分立制」**です。

　近代的な意味での権力分立制を最も早い時期に取り上げて議論したのは，**ジョン・ロック**です。彼はその著書『**市民政府論**』において，国家（政府）権力を三つに分け（現在のものとは異なりますが），それらのいくつかについては，別の人の手によって行使されるべきであると彼は考えていました。というのも，立法府によってひとたび定立された法は定立者自身によって執行されるべきではないかと考えたからでした。

　このような権力分立制に関するロックの説をさらに発展させ，これを最も効果的に展開し普及させたのは，**モンテスキュー**です。

　彼は，その著書『**法の精神**』第11編第6章（イギリスの国制について）において，次のように述べています。

> 　「各国家には三種の権力，つまり，立法権力，万民法に属する事項の執行権力および公民法に属する事項の執行権力がある。
> 　第一の権力によって，君公または役人は一時的もしくは永続的に法律を定め，また，すでに作られている法律を修正もしくは廃止する。第二の権力によって，彼は講和または戦争をし，外交使節を派遣または接受し，安全を確立し，侵略を予防する。第三の権力によって，彼は犯罪を罰し，あるいは，諸個人間の紛争を裁く。この最後の権力を人は裁判権力と呼び，他の執行権力を単に国家の執行権力と呼ぶであろう。」

Ⅳ 制　　度

　モンテスキューは，まずイギリスの国制を前提として，①立法権力，②万民法に属する執行権力（講和・外交・防衛などの対外的公益事項の管理権），および③公民法に属する執行権力（裁判権力），の三つに国家による権力作用を分類しました。その上で，

> 「同一の人間あるいは同一の役職者団体において立法権力と執行権力とが結合されるとき，自由は全く存在しない。なぜなら，同一の君主または同一の元老院が暴君的な法律を作り，暴君的にそれを執行する恐れがありうるからである。
> 　裁判権力が立法権力や執行権力と分離されていなければ，自由はやはり存在しない。もしこの権力が立法権力と結合されれば，公民の生命と自由に関する権力は恣意的となろう。なぜなら，裁判役が立法者となるからである。もしこの権力が執行権力と結合されれば，裁判役は圧制者の力をもちうるであろう。
> 　もしも同一の人間，または，貴族もしくは人民の有力者の同一の団体が，これらの三つの権力，すなわち，法律を作る権力，公的な決定を執行する権力，犯罪や個人間の紛争を裁判する権力を行使するならば，すべては失われるであろう。」

と述べ，これらの権力がどのような機関によって担われるべきか，そしてこれらがどのような関係に立つべきかについて論じています。

　このようにモンテスキューは，それぞれの権力作用を理論的に分離した上で，独立の機関に配分すべきであることを主張しています。彼は，構成員の政治的自由を維持・確保するために，あるべき政治体制について論じ，その中で権力分立は，かかる自由の実現に必要不可欠な要素であると考えていました。

　なお，モンテスキューは，執行権力を講和・外交・防衛といったものに限定しており，ロックのいう執行権（国内法を執行する権力）は裁判権力として総括しています。当然のことながら，国内法を執行する権力は，これに限られるわけではありません。上記引用の後半部分で指摘されているように，執行権力を「公的決定をする権力」として，より広く捉えることも可能かも

第4章　市民社会における国家の役割

しれません。しかし，こう考えると，必ずしも「万民法に属する執行権力」とはいい難いものまで含みうることになるでしょう。その意味で，この部分の彼の記述には，矛盾がないとはいえません。

　しかし，このような子細な議論はさて措き，現代の権力分立制との関係において，モンテスキューがなした重要な貢献は，国家による権力作用を三つに分類したことにあるのではなく，むしろ裁判権力（司法権）を執行権力から分離したことにあるといえるのではないでしょうか。

抑制と均衡

　モンテスキューの構想は，国家による権力作用を分離し，それを各機関に担当させるというものでした。他方，これまで述べてきたように，政治的自由は権力の濫用がなされない場合にのみ存在するとするモンテスキューの理解（もちろん本章もそのような立場に立つわけですが）からは，**「事物の配置によって，権力が権力を"抑止"する」**ようにしなければなりません。つまり，彼は，作用Xに対して機関x，作用Yに対して機関yというように一作用一機関をイメージしていたわけではありませんでした。むしろ，担当機関相互の権力作用による"抑制"を構想していたのです。なぜなら，「抑制」とは同一の権力作用に対して異なる機関が関与する場面においてはじめて生じるものと考えられるからです。

　このことは，先の引用からも明らかです。モンテスキューは，同一人ないしは同一の機関に，二または三の権力作用が"全面的"に帰属してはならないということを示唆しており，他の権力作用に対する部分的な関与をすべて否定するものではなかったのです。

　もとより，執行作用と立法作用が同一の機関に帰属することは許されないのはいうまでもありません。しかし，他方で，執行機関は立法機関の定める法に服することが要求されます。その意味で，理論上立法権力は，執行権力との関係で優位に立ち得るということができます。上のように，仮に立法機関が，執行機関を完全に従属させる内容の法を制定したとすれば，形の上で

権力の分離はなされていても，実質的に執行機関は支配されることになり，「分立」とは名ばかりのものとなるでしょう。
　そこで，彼は，

> 執行権力は阻止する権能によって立法に関与すべきである。さもなければ，まもなくその特典を奪われるであろう。

と述べ，法の制定に執行機関を関与させることにより，このような立法機関の専制に歯止めをかけようとしているのです。
　これまで述べてきたように，「権力が権力を抑止する」という「抑制」システムが，権力分立制には本来的に備わっているといえそうです。ただし，このシステムが永続的に機能するためには，一つの前提条件，すなわち権力間の「均衡」が必要だといえます。もし，ある一つの権力が圧倒的な強さを有していたならば，権力の相互抑制システムが機能しつづけることはおそらく不可能でしょう。
　一般に，権力分立を語る際「**抑制と均衡（check and balance）**」がキーワードとして使われます。しかし，これら二つはともに実現されるべきものなのではなく，権力分立制においては「抑制」こそが真の目的であり，「均衡」はそれに奉仕する前提条件として理解することが妥当と思われます。

権力分立制と「法による支配」

（1）モンテスキュー以後の「権力分立」論
　これまで述べてきたようなモンテスキューの考え方を，はじめて実定憲法の中に取り入れたのが，米国・マサチューセッツ邦の憲法でした。また，後になって制定されたアメリカ合衆国憲法においても，権力分立制が規定されています。
　米国憲法における権力分立制は，モンテスキューの考え方に倣い，**立法権**，**行政権**，**司法権**を区別していました。しかし，彼が提示した「三権」分立論

(イギリスにおける君主制を前提とした権力分立論)とは異なり,共和制の枠組みの中でこれを取り入れたところに特徴があります。

また,モンテスキューを生んだフランスにおいても「権利の保障が確保されず,権力の分立が定められていないすべての社会は,憲法を持たない」(人権宣言16条)と宣言され,1791年憲法で具体化されました。その後,権力分立制は多くの国々で受け入れられ,現在に至っています。

(2)「人間性の省察」としての「権力分立」論

そもそも権力分立制は,政治権力をいくつかに分割し,かかる権力の濫用を未然に防ぐという立憲主義的原理として理解することができます。アメリカ合衆国憲法の起草者の一人である**マディソン**は,次のように述べています。

> 「数種の権力が同一の政府部門に次第に集中することを防ぐ最大の保障は,各部門を運営する者に,他部門よりの侵害に対して抵抗するのに必要な憲法上の手段と,個人的な動機を与えるということにあろう。……野望には,野望をもって対抗させなければならない。人間の利害心を,その人の役職に伴う憲法上の権利と結合させなければならない。政府の権力濫用を抑制するために,かかるやり方が必要だというのは,人間性に対する省察によるものかもしれない。しかし,そもそも政府とはいったい何なのであろうか。それこそ,人間性に対する省察の最たるものでなくして何であろう。万が一,人間が天使ででもあるというのならば,政府などもとより必要としないであろう。またもし,天使が人間を統治するというならば,政府に対する外部からのものであれ,内部からのものであれ,抑制など必要とはいえないであろう。しかし,人間が人間の上に立って政治を行うという政府を組織するにあたっては,最大の難点は次の点にある。すなわち,まず政府をして被治者を抑制しうるものとしなければならないし,次に政府自体が政府自身を抑制せざるをえないようにしなければならないのである。」(マディソン他著,斎藤真訳「抑制均衡の理論」『ザ・フェデラリスト』238頁)

人間は「天使」ではない以上,政治権力は常に濫用される可能性があるわ

Ⅳ 制　度

けです。権力の濫用を抑制するために，マディソンは，他の権力からの侵害に対し抵抗する手段と動機を与え，人間の利害心や野望に巧みに働きかけることが必要である，と指摘しています。その上で，これらの要素を織り込んだ制度設計を彼は提案しているのです（「**抑制と均衡を伴った権力分立制**」）。

　モンテスキューが主張したように，権力分立制とは，端的には国家の権力作用を理論的に分割し，いくつかの独立機関にそれらを配分することです。しかし，これだけでは権力の集中をわずかに緩和したにすぎず，依然として国民の自由に対し重大な危険が潜んでいるといえるでしょう。そこで，政府における諸機関相互の配置により，それぞれの権力作用がダイナミックに他のそれへと関与することによって，――「天使」ではない――「人」の支配による自由への危険を最小限に食い止めようとしているのです。これを「抑制と均衡」の観念を伴った権力分立制と呼ぶことができるでしょう。権力分立制は，このように一種の**醒めた**「**人間性に対する省察**」から出発しているのです。

（3）　自由・法・権力分立

　他方，「人間の恣意による支配」が権力の濫用を招き，個人の自由を容易に制限しうる性質を有しているということは，経験的事実として一般的に共有されているところです。そこで，公権力の行使にあたり，――人に代わって――あらかじめ定められた法（法律）に従うことが要請されてきます（「**法による支配**」）。このように，「法の支配」や「法治主義」といった「法による支配」という考え方は，**個人の自由の維持・確保**に不可欠な要素として理解されています。もちろん，これまで述べてきたように，国／社会が自由であるか否かは，その国／社会の秩序の特質・在り方との関係で理解されるものであり，法による秩序付けはこれらの秩序の特質・在り方に大きな意味と内容を付与するものです。どのような秩序が自由を可能にするかは，自由の意味に依存しているということも先に指摘したとおりです。たとえば，立憲主義的な政府の制限（＝法）によりもたらされる秩序は，消極的自由を

「抑制と均衡」を伴った権力分立制

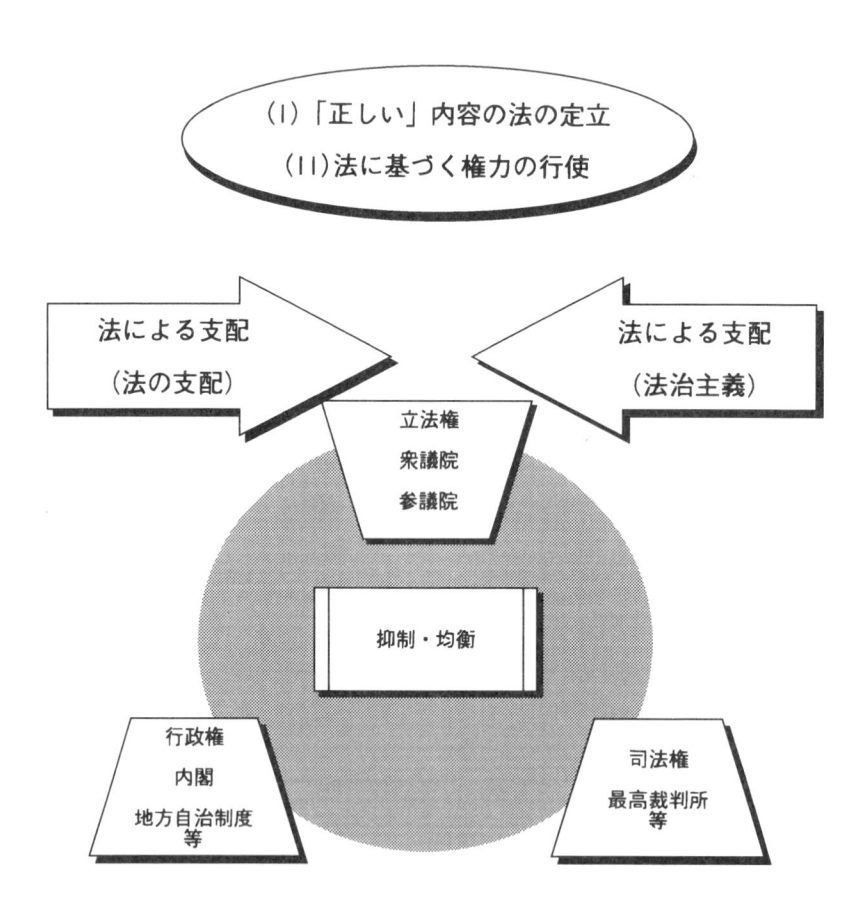

(Ⅰ)「正しい」内容の法の定立
(Ⅱ)法に基づく権力の行使

法による支配
(法の支配)

法による支配
(法治主義)

立法権
衆議院
参議院

抑制・均衡

行政権
内閣
地方自治制度
等

司法権
最高裁判所
等

導くでしょうし，法にもとづく公権力の積極的介入によって積極的自由を維持・拡大することになるでしょう。「法の支配」や「法治主義」から論理的に導かれる国家（政府）の役割に対する思考，発想および姿勢も形成される秩序の在り方にも大きな関係を有しています。

「法の目的は，自由を廃止または制限するのではなくして，自由を保持拡大するにある」（ロック著，鵜飼信成訳『市民政府論』第57節）とロックが述べたのは，国家の存在を前提とする社会において，自由の実現には，法による秩序形成が重要な意味を有していることを端的に示しています。

また，これまで述べてきた権力分立の考え方は，かかる意味における法が，権力を有する諸機関どうしの**「均衡と抑制」**によって，「正しい」内容を有しつつ定立され，かかる過程を経て制定された法に従い公権力の行使がなされることを要請します。さらに，個人が自己の自由・権利を他者（公権力ばかりではなく私人であっても）により侵害されたと考えるときには，公平な独立の司法府（裁判所）により法の正しい解釈・適用を通じて実効的な救済を獲得することも可能です。つまり，この考え方は，「法による支配」（「法の支配」・「法治主義」）を実現する手段として位置付けられているといってもよいでしょう。

このように権力分立制および「法による支配」（「法の支配」・「法治主義」）という出自の異なる原理ないしは考え方が，**「個人の自由の維持・確保」**という理念の下，結びついたのが，わが国をはじめとして多くの国家において採用されている考え方だといえるのです。

権力分立制

権力分立制は，権力を有する諸機関の「均衡と抑制」によって，①「正しい」内容の法が定立され，②この法に従って公権力の行使がなされ，かつ③公平独立な司法府（裁判所）により「正しい」法の解釈や適用がなされることをその本質としています。

第4章　市民社会における国家の役割

　モンテスキューが触れたように，執行機関は立法機関の定めた法に従わなければなりません。そう考えると，理論上立法機関は執行機関に対し優越的な地位に立つことになるでしょう。そこで，執行機関が法の制定に関与し，立法機関の専制に歯止めをかけることが要請されるのです。これは，立法機関において正しい法が制定されるための制度的な創意工夫であるということができます。

　また，公権力の行使にあたり，法による支配が実現するためには，先にモンテスキューが国家における三つの権力（立法権力・執行権力・裁判権力）の関係を整理した際に述べているように，公権力が自ら従うべき法を自らの手で制定することはあってはいけないし，また，自らが法に服したか否かの最終的な判断は，第三者によって判断されるべきで，権力を行使した本人が行ってはならないのです。

　こうして，法を定立する権力（立法権）と法を執行する権力（執行権ないしは行政権），そして，その執行の法適合性を判断する権力（裁判権）が分離されることになります。

　以下では，わが国における権力分立制の現状を概観しておきましょう。

立　法　権

　わが国の憲法は，「全国民を代表する選挙された議員」で組織される国会（43条）を重視する立場をとり，これを「国権の最高機関であって，国の唯一の立法機関」と定めています（41条）。国会は，国政全般に注意をはらい，公開の場における討論を通じて，多元的・多様な意見を集約し，統合的な国家意思が形成される場となることを期待されています。権力分立制を前提としつつも三つの機関の中にあって，最も高い序列である**「国権の最高機関」**との位置付けは，立法機関としての性質ばかりではなく，このような特性に由来しているといえます。

　ところで，わが国において立法権の帰属する主体である国会は，衆議院と

参議院の両院で構成され、**二院制**をとっています。「抑制・均衡」システムを権力分立制の本質として捉えるとすると、「正しい」内容の法の定立にこのシステムは何らかのかたちで機能し得るといえるかもしれません（たとえば、英国における二院制（庶民院と貴族院）および米国における二院制（連邦議会と州の代表機関としての上院）は、多様な意見の集約のために代表の選出方法を異にしています）。ただし、わが国における二院制が、実効的に機能し、「正しい」法を定立するために、選挙制度などかかる目的に十分に適合的であるかについては、現在のところ疑問だといわねばならないでしょう。

行 政 権

　法を定立する機関である国会と法を執行する機関である内閣との関係は、憲法上、内閣の形成・維持は国会の信任によるとされ（67条1項、68条、66条3項、63条、69条）、他方で、内閣は衆議院による内閣不信任案の可決または信任案の否決には解散をもってこれに応えます（69条）。

　日本国憲法65条は、「行政権は、内閣に属する」と定めています。その内容として、日本国憲法73条は「内閣は、他の一般行政事務の外、左の事務を行なふ」として七つの事務をあげていますが、その中心は1号に規定する「法律を誠実に執行し、国務を総理すること」であるといえるでしょう（さらに、内閣法12条2項には「重要事項に関する総合調整その他行政各部の施策に関するその統一保持上必要な総合調整」と規定されています）。つまり、内閣は、行政各部に法の執行を行わせ、かつ国務を総理する——高度の統治作用——を担う主体であり、その意味で行政組織全体の統括者であるといえます。

　行政組織の統括は、人事権や職務に関する指揮・監督権を通じて行われます。ここで問題となってくるのが、組織・活動面において一定の「独立」した地位を有する機関の存在です。これを一般に**「独立行政委員会」**と呼んで

第4章　市民社会における国家の役割

います。現代社会における政策的考慮事項の多様化・複雑化に対応して，現在では委員会制が制度として一定の定着を見るに至っています。委員会において「独立性」が必要とされる理由には，それぞれの問題に関し，①「専門性」が要求されるようになったこと，②政策の評価にあたり，幅広い領域にまたがった観点からの検討が必要とされるようになったこと，③誠実な法律の執行が適切になされていないことが明白になったこと，等が指摘されています。もちろん，「独立」機関であっても，組織・活動面に関して完全な「独立性」を有するものではなく，現実には行政機関や立法機関によるさまざまな統制が行われています（任命に対する議会の同意，委員の任期・報酬，報告義務・説明責任等）。この意味で，独立行政委員会に対する見方は，権力分立制を厳格に理解するのではなく，各権力作用の本質に配慮し，その保持を行いながら，諸機関の「抑制・均衡」の関係に着目した**柔軟で機能的な権力分立観**に由来しているといえるでしょう。

わが国においても，人事院や公正取引委員会はいずれも内閣の所轄の下にあり，職権の行使につき独立性を有し，委員の身分が保障されています。また，法律の細則である規則の制定を独自に行える**準立法的権限**や不服申立てに対する裁決および審判・審決といった**準司法的権限**（法律にもとづく評価・判断を行う権限）を有している点が特徴的です。

司　法　権

日本国憲法は，「すべての司法権は，最高裁判所および法律の定めるところにより設置する下級裁判所に属する」（76条1項）と規定し，「特別裁判所」の設置の禁止および行政機関が「終審」裁判所になることはできない旨を定めています。また，「すべての裁判官は，その良心に従ひ独立してその職権を行ひ，この憲法及び法律にのみ拘束される」（76条3項）と述べ，裁判官の職権行使の独立とそのための身分の保障を詳細にわたり規定しています（78条，79条6項，80条2項）。さらに，司法府の地位の独立性の強化のた

Ⅳ 制　　度

めの措置として，裁判所の内部規律および司法事務処理に関する事項についての規則制定権（77条）等を定めています。

　裁判所も，法の「正しい」解釈・適用を行うことによって，権力分立制の一翼を担う政治制度としての性格を有していますが，他の二権が国内外の政策課題に積極的に関与することが期待されているのに比べ，裁判所は，持ち込まれる紛争を法の正しい解釈・適用を通じてこの紛争を適正に解決し，法秩序の維持・貫徹を図ることを目的とした受動的機関としての性質を有しています。

　ところで，わが国では，他の多くの立憲主義諸国と同じように**裁判所による違憲審査**が行われています（81条）。国民主権を憲法上掲げている民主主義国家にありながら，国民に政治責任を問われることのない裁判官が，何ゆえに国会において定立された法律や内閣において決定された事項の合憲性を審査することができ，場合によってはその効力を否定することができるのでしょうか。

　この問いかけには，二つの回答が考えられています。

　一つは，リベラリズム的回答ともいうべきものです。憲法は個人の自由・権利を人権というかたちで保障します。ここで認められている人権は，民主制に必然的に伴う多数者の横暴から少数者である個人を守る保護膜として考えることができます。

　私たちは，私的・個人的な領域において自ら究極的な価値と信ずる道を追求・実践することが認められていますが，その意味では，誰でも自らの個性において少数派に属す可能性があります。国家・政府は，個人の多様性・多元性において寛容な姿勢をとっています。そこで，裁判所は人権を軸として具体的な事件や争訟における判断を通じ，さまざまな価値が共存し得る条件（公共の福祉）を探し求め，定め，維持します。このような判断を多数者の圧制に左右されずに行うには，議会などとは別個の独立の機関にこうした機能を委ねる必要があるのです。

　いま一つの回答は，違憲審査制が「民主制を守るために必要不可欠であ

第4章 市民社会における国家の役割

る」というものです。私たちの国が採用している民主制は，実はたいへん脆弱なものです。民主制が適切に機能するには，選挙権の平等な行使や表現の自由などが確保され，政治過程に多様な意見や諸々の利益が公正に反映される道筋が確保されていなければなりません。このような道筋がきちんと確保されているならば，不当な政治的決定がなされた場合においても，批判勢力や世論によって是正されることも可能でしょう。しかし，ひとたび選挙権の平等や表現の自由などが確保されなくなってしまうと，こうした是正能力が機能しなくなってしまいます。そこで，民主制とは別個独立の地位にあり，憲法の理念の下にある裁判所が介入することによって，失われた機能を回復させようというわけです。したがって，この考え方からも違憲審査制と民主制とは矛盾しないということになります。

いずれにしても，国民が独立の裁判所によって形成される法に対し，特別の信頼を置いていることが，**裁判所による違憲審査**を望ましいかたちで機能させるために必要な要素といえるでしょう。

地方自治制度

これまで述べてきた「立法」，「行政」および「司法」という権力分立（**水平的分立**）に加え，地方自治制度を権力分立の一要素として組み入れることも可能でしょう（**垂直的分立**）。とりわけ，戦前の全体主義の経験は，権力の過度の集中への懸念をさらに大きくし，地方自治制度を「抑制・均衡」のシステムの重要な要素として理解されるようになってきました。

地方自治制度は，そもそも地方の固有の文化や生活環境が個人の多様な生き方を可能にすることが認識され，国民・住民ができるだけ身近なところで政治をコントロールできるようにすることが国民・住民の自由を維持・確保する観点からも望ましく，かつその意味では国民主権の実質化を目的としているといえるでしょう。また，中央政府（国）の強大な国家権力を抑制し，その濫用からコミュニティー，少数者および個人を保護する膜として機能す

ることも考えられます。

　日本国憲法92条では、「地方公共団体の組織及び運営に関する事項は、地方自治の本旨に基づいて、法律でこれを定める」と規定し、上で述べたような機能・役割を制度的に具体化するための根拠が示されています。なお、ここでいう**「地方自治の本旨」**とは、地方自治体が中央政府（国）から独立した自律権を有していること（団体自治）、および自らを支配する意思の形成には住民が参画するものでなければならないということ（住民自治）の二つを意味します。

　また、国中央政府と地方自治体は、地方自治法が「国と普通地方公共団体との関係及び普通地方公共団体相互間の関係」（11章）において示しているように、技術的助言、勧告、資料提出要求の原則的関係に止まっていることも、両者が憲法によって付与された統治権をともに担うものであり、上下の関係を意味するものではない点を確認しておく必要があるでしょう。

　ただし、わが国の地方自治の現状が、制度の趣旨を的確に実現している状況にあるかどうかについては問題があります。地方分権のかけ声がいく度となく繰り返されていますが、財政面で自立しておらず、国（中央政府）の出先機関としての立場から脱け出せずにいます。バブル崩壊に伴う地方自治体財政の悪化によって、このような傾向はむしろ顕著になりつつあるといってもよいでしょう。

　明治以来、中央集権的な形で国家形成を行ってきたわが国においては、米国のように国家が連合して形成された国とは異なった分権の戦略が必要とされるところです。幸運なことに地方自治制度は本来的に地方の自治を促す仕組みが採られており、近時いくつかの自治体においてかかる萌芽があらわれてきています。

「行政評価」という発想

　近年、「行政評価」という言葉が注目されています。これは、行政機関が

主体となり，行政活動を対象としてその評価を行い，その成果を今後の行政運営の改善につなげること，さらにはそれを制度化し恒常的に行政システムの中に組み込んでいくことをいいます。「行政評価」以外にも，「政策評価」や「業績評価」などとも呼ばれる場合もあります。そもそも，本章の冒頭でも触れたバブル崩壊後の国・地方自治体財政の悪化や数々の失政・不祥事に伴う政策決定・実施過程における透明性確保とアカウンタビリティー（説明責任）の要請が，国や地方自治体による「行政評価」導入のきっかけだったようです。

しかし，「行政評価」が必要とされるより構造的な背景事情を指摘することもできます。まず，国・地方自治体の財政悪化は何もバブル崩壊のみが原因ではなく，国家機能の恒常的拡大とそれに伴う財政負担の増大が背景にあります。現在行われている行財政改革は，国の役割を見直し，効率的でスリムな政府の実現を目指すものでもありますが，支出削減の効果もあり，これまでの政策や事業を適切に検討・評価し，改善に結びつける必要があります。また，社会の急激かつダイナミックな変化により，政策・事業の見直しを不断に行い，これらの軌道修正や廃止しなければならない場合も多くあらわれてきました。

このような状況は，本来ならば権力分立制のもと国家機関相互の抑制と均衡によって是正され得るものと考えられていました。

しかし，国民の総意を受け構成されるはずの立法機関の意思決定は，「声の大きい」利益団体の政治的圧力とそれを背景とした政治家の駆引きにより，国民の現実的意思とはかけ離れてしまう場合も少なくありません。また，行政機関による政策決定およびその執行も，一度立法化された法律にもとづき配分された予算が曖昧な政策目的のもと支出されていたり，当初の政策目的と整合的に支出されていない場合も少なくないようです。しかも，これに対する裁判所のチェック機能にも限界があります。

このように，現代において権力分立制下における機関相互の抑制と均衡は，期待された機能を必ずしも果たしていないことが明らかになってきたように

IV 制　　度

思われます。

　かつて，私は権力分立制について，①「正しい」内容の法の定立，②法に従って公権力の行使，そして③公平独立な司法府（裁判所）による「正しい」法の解釈や適用を本質とする，との考え方を示しました。このような理解は，法の内容と法の執行の「正しさ」を確保することを権力分立制の基本的な機能として整理したもので，「法による支配」との関係を明確にするために行ったものでした。しかし，「行政評価」という行政機関等が主体となって行うこのような活動を目のあたりにし，新たな指摘をしておく必要があると思われます。

　すなわち，現代における権力分立制においては，単に「法の正しさ」のみならず，法にもとづいて執行される行政機関の意思決定・政策決定の妥当性，政策実施の経済性・効率性といった「もう一歩先の」適正さの確保が求められています。これらの要請をも**「抑制と均衡を伴った」権力分立制**によって実現する理念として掲げ整理する必要が今後あるのではないでしょうか。

　三権以外に憲法上の機関として唯一認められており，「行政評価」を国レベルで明治憲法以来行ってきた会計検査院（90条）は，合規性（国の予算が法令に従って執行されているか）や，正確性（国の収入・支出が正確に会計帳簿上記載されているか）ばかりではなく，効率性・経済性（予算が効率的ないしは経済的に執行されているか），有効性（当該支出により事業目的・政策目的が達成されているか），さらに必要性（長期間継続して実施されている政策・事業の場合には当初の目的が時間の経過に伴って社会的必要性を失っていないか，あるいは減少していないかといった観点）を検査上必要な視点としてあげ，法にもとづいて執行される行政機関の活動の適正さの確保に役立っています（会計検査院法20条3項）。このことも，権力分立制が「法」そのものの「正しさ」のみを直接の目的としているわけではないことを示す証拠といえるでしょう。

[執筆者]　　　　　　　　　　（執筆分担）

金子　　晃（会計検査院長）　　第1章・第2章

山口由紀子（国民生活センター）　　第3章

石岡　克俊（慶應義塾大学産業研究所）　　第4章

市民カレッジ
知っておきたい　市民社会の法

2000年4月20日　第1版第1刷発行

編者　金　子　　　晃

発行　不　磨　書　房
〒113-0033 東京都文京区本郷 6-2-9-302
　　　　　　TEL (03) 3813-7199
　　　　　　FAX (03) 3813-7104

発売　㈱信　山　社
〒113-0033 東京都文京区本郷 6-2-9-102
　　　　　　TEL (03) 3818-1019
　　　　　　FAX (03) 3818-0344

制作：編集工房INABA　　印刷・製本／松澤印刷
　　Eメール：inaba@shinzansya.co.jp
Printed in Japan　Ⓒ著者　2000

ISBN4-7972-9230-X　C3332

みぢかな法学入門　慶應義塾大学名誉教授 石川 明 編　■2,500円

有澤知子（大阪学院大学）／神尾真知子（帝京平成大学）／越山和広（近畿大学）
島岡まな（亜細亜大学）／鈴木貴博（東北文化学園大学）／田村泰俊（東京国際大学）
中村壽宏（九州国際大学）／西山由美（跡見学園女子大学）／長谷川貞之（駿河台大学）
松尾知子（京都産業大学）／松山忠造（山陽学園大学）／山田美枝子（大妻女子大学）
渡邊眞男（常磐大学短期大学）／渡辺森児（平成国際大学）

みぢかな民事訴訟法　慶應義塾大学名誉教授 石川 明 編　■2,800円

小田敬美（松山大学）／小野寺忍（山梨学院大学）／河村好彦（明海大学）
木川裕一郎（東海大学）／草鹿晋一（平成国際大学）／越山和広（近畿大学）
近藤隆司（白鷗大学）／坂本恵三（朝日大学）／椎橋邦雄（山梨学院大学）
中村壽宏（九州国際大学）／二羽和彦（高岡法科大学）／福山達夫（関東学院大学）
山本浩美（秋田経済法科大学）／渡辺森児（平成国際大学）

みぢかな商法入門　酒巻俊雄（早稲田大学）・石山卓磨（早稲田大学）編　■2,800円

秋坂朝則（佐野国際情報短期大学）／受川環大（岐阜経済大学）／王子田誠（東亜大学）
金子勲（東海大学）／後藤幸康（京都学園大学）／酒巻俊之（奈良産業大学）
長島弘（産能短期大学）／福田弥夫（武蔵野女子大学）／藤村知己（徳島大学）
藤原祥二（明海大学）／増尾均（東亜大学）／松崎良（東日本国際大学）／山城将美（沖縄国際大学）

ゼロからの民法（財産法編）　監修：松浦千誉・片山克行　■2,800円

片山克行（作新学院大学）／小西飛鳥（平成国際大学）／中村昌美（拓殖大学）
中山泰道（佐賀大学）／花房博文（杏林大学）／松浦聖子（十文字学園女子大学）
松浦千誉（拓殖大学）／村田彰（佐賀大学）／森田悦史（国士舘大学）

ゼロからの民法（家族法編）　監修：松浦千誉・片山克行　■2,800円

遠藤みち（税理士）／岡部喜代子（東洋大学）／片山克行（作新学院大学）
小石侑子（杏林大学）／河野のり代（明治大学）／中村昌美（拓殖大学）
永山榮子（共立女子大学）／松浦千誉（拓殖大学）／松山忠造（山陽学園大学）
村田彰（佐賀大学）／森田悦史（国士舘大学）

これからの家族の法（親族法編）　奥山恭子 著（帝京大学）　■1,600円

市民カレッジ◆知っておきたい市民社会の法　会計検査院長 金子 晃 編著

石岡克俊（慶応義塾大学産業研究所）／山口由紀子（国民生活センター）　■2,400円

Invitation　法学入門　304頁　■2,800円

岡上雅美（新潟大学）／門広乃里子（実践女子大学）／船尾章子（龍谷大学）
降矢順子（玉川大学）／松田聰子（帝塚山学院大学）

発行：不磨書房／発売：信山社